Tejido

PRIMEROS PASOS PARA EMPEZAR A TEJER

PUNTOS BÁSICOS . MOLDES . TIPS Y SECRETOS

Angelita
El ABC tejido. - 1a ed. - Buenos Aires : Dos Tintas , 2013.

1. Tejidos de punto-Crochet. I. Título.
CDD 746.432

ÍNDICE

INTRODUCCIÓN

La presente Colección "El ABC" pretende ofrecer a sus lectores la posibilidad de iniciarse en el arte de tejer, o bien, perfeccionarse para aquellos que ya han comenzado a transitar el camino de las agujas.

Solo se trata de incorporar algunos conocimientos básicos para poner manos a la obra y aplicar la creatividad para tejer prendas y accesorios a dos agujas o en crochet. Para lograrlo, se presentan diferentes modelos cuyo grado de dificultad es bajo, con el propósito de ir practicando pero a la vez consiguiendo logros que permitirán ir avanzando y superando etapas.

Tejer, además de brindarnos la posibilidad de crear, es muy útil para ayudar a eliminar el estrés y combatir la depresión, proporcionando claridad de pensamiento y desarrollo de habilidades perceptivas y de reconocimiento de estímulos positivos. Esta práctica, recomendada para todas las edades, se puede iniciar sin conocimientos previos con la asimilación de las técnicas que en los próximos capítulos se describen.

Además, cuando se tejen prendas o accesorios para regalar a familiares y amigos queridos, la satisfacción es doble por lo que significa realizar algo con nuestras propias manos.

TEJIDO EN CROCHET

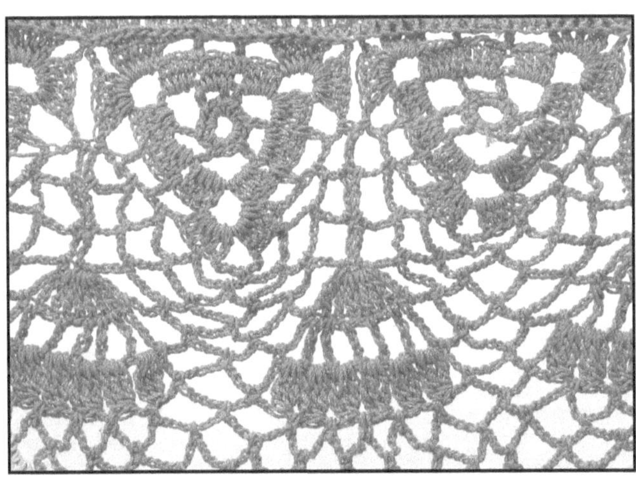

Consideraciones previas y puntos básicos

El tejido al crochet se realiza siempre de derecha a izquierda, por lo tanto debe girarse al final de cada hilera. Al girar el tejido, la hebra deberá quedar nuevamente detrás de la aguja para poder tejer la hilera siguiente introduciéndola en la parte superior del punto de la hilera anterior. En cambio, en los tejidos circulares se teje siempre en la misma dirección. Todos los puntos se forman con diferentes números de lazadas, por lo que cada uno tiene diferente altura. Por lo tanto cada punto necesita una cantidad diferente de cadenas para volver evitando defectos en los bordes. Para el medio punto tejer una cadena para girar; en media vareta, tejer dos cadenas y en punto vareta, tejer tres cadenas.

SIGNOS

—	= Enano		‡	= Vareta doble
O	= Cadena			= Vareta en relieve picando
X	= Medio punto			= Vareta en relieve picando
†	= Vareta			

AUMENTOS

Pueden ser realizados en cualquier parte del tejido, ya sea al principio, en el medio y al final. La forma más sencilla de aumentar consiste en trabajar dos puntos en un punto de base. En el lugar donde tiene que aumentar tejer el punto normalmente, luego introducir la aguja en el mismo punto para formar de este modo el aumento. Si los aumentos son realizados en el centro del tejido es aconsejable marcar el lugar con una hebra de color contrastante, para poderlos localizar fácilmente en el caso de que tenga que aumentar otros puntos a la misma altura en las hileras siguientes. Para aumentar dos puntos en lugar de uno, proceder de la misma forma, pero tejer tres veces en el mismo punto. Para aumentar varios puntos al comienzo, por ejemplo cuatro puntos, tejer el número de cadenas equivalentes a la cantidad de puntos que hay que aumentar más los puntos necesarios para dar vuelta y continuar tejiendo normalmente. En el caso de que se deban aumentar puntos también al final de la hilera se emplea el método anterior pero para que los aumentos queden a la misma altura proceder así: introducir la aguja en la última hebra de la izquierda y hacer un punto, con otra lazada cerrar los tres puntos de la aguja. Repetir hasta lograr la cantidad de puntos necesaria.

DISMINUCIONES

Igual que los aumentos, las disminuciones pueden efectuarse en el medio o en el final del tejido. La manera más sencilla de disminuir un punto consiste en saltar un punto de base. Para disminuir dos puntos, saltar dos puntos de base. Otra forma de disminuir es cerrar dos puntos juntos como si fuera uno solo. Esto se puede realizar en todos los puntos básicos de crochet. Tejer un punto en el primer punto de la hilera anterior, sin cerrar. Introducir la aguja en el siguiente punto y tejer otro punto sin cerrar. Cerrar los dos puntos juntos. Otro método es dejar un punto sin tejer al principio o al final de la hilera. En el principio de la hilera tejer en punto enano, o raso, o corrido (introducir la aguja en un punto de la hilera anterior, enganchar la hebra y cerrar) la cantidad de puntos que se deban disminuir. Al final de la hilera dejar de trabajar la cantidad de puntos a diminuir y girar el tejido.

PUNTOS BÁSICOS

MEDIO PUNTO

1- Hacer una cadena de base en punto cadena. Introducir la aguja en el segundo punto.

2- Hacer una lazada y sacar hacia adelante, quedando dos puntos sobre la aguja.

3- Enlazar nuevamente y sacar por dentro de los dos puntos. Así quedará formado el primer medio punto.

4- Introducir la aguja en el siguiente punto y repetir desde el paso dos.

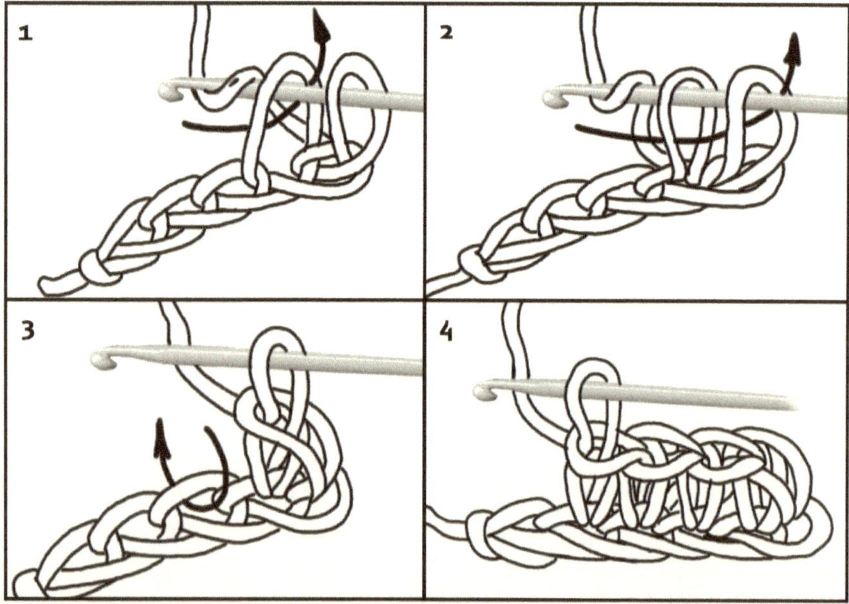

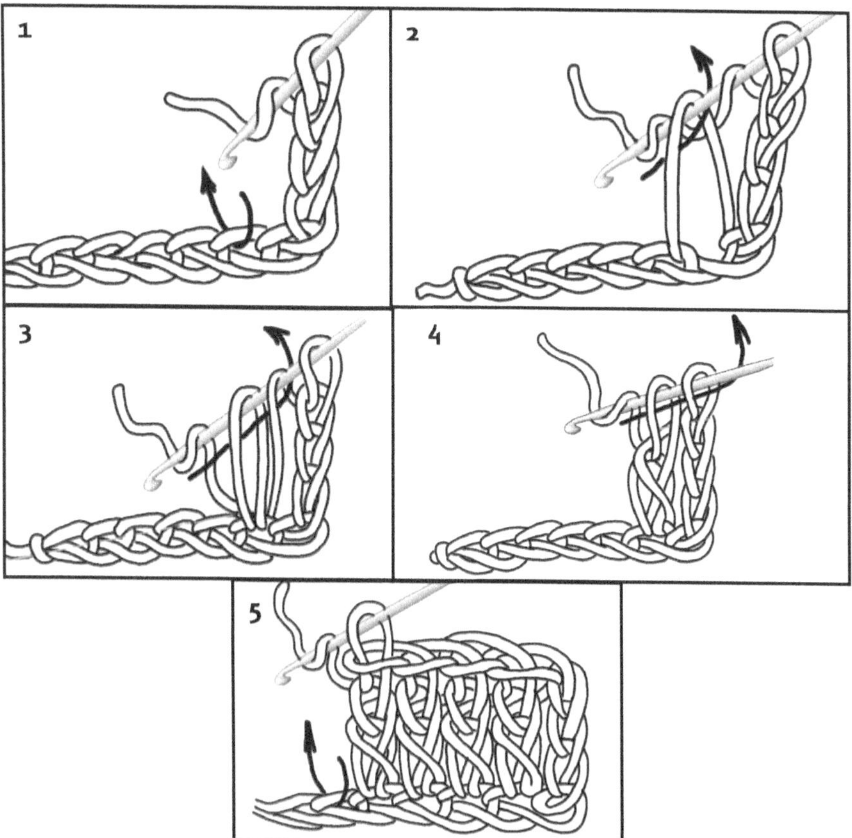

1- Hacer una cadena de base. Hacer una lazada alrededor de la aguja e introducirla en el quinto punto.

2- Hacer otra lazada y tejer hacia adelante formando un punto. De este modo quedan tres puntos en la aguja.

3- Enlazar nuevamente y pasar por dentro de dos de los puntos de la aguja. Así quedan dos puntos.

4- Volver a enlazar y sacar los dos puntos juntos.

5- Repetir hasta lograr la medida deseada.

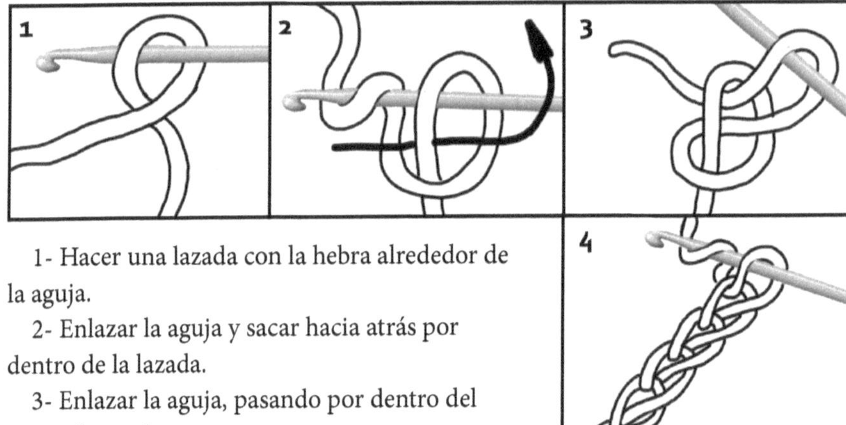

1- Hacer una lazada con la hebra alrededor de la aguja.

2- Enlazar la aguja y sacar hacia atrás por dentro de la lazada.

3- Enlazar la aguja, pasando por dentro del punto formado.

4- Continuar las veces que sea necesario.

PUNTO ENANO, LLAMADO TAMBIÉN PUNTO CORRIDO O PUNTO RASO

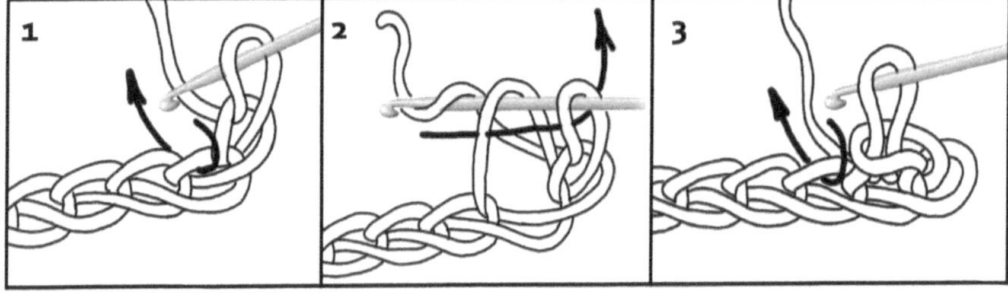

1- Hacer una cadena de base. Introducir la aguja en el segundo punto cadena.

2- Enlazar y sacar hacia adelante, pasando por dentro del punto de la aguja.

3- Repetir hasta tener la medida deseada.

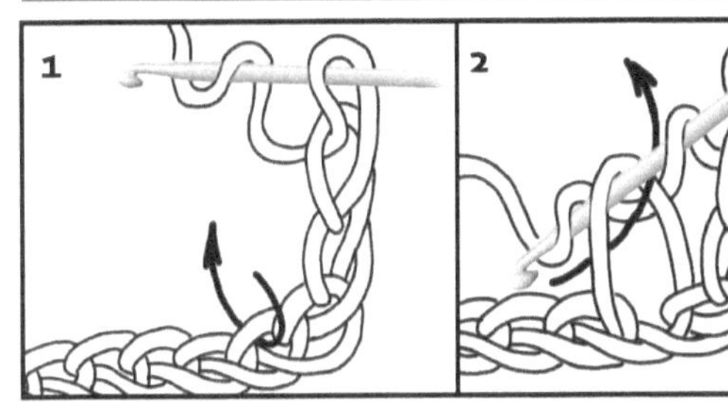

1- Hacer una base de cadena. Hacer una lazada alrededor de la aguja e introducirla en el cuarto punto.

2- Volver a enlazar y tejer hacia adelante formando un punto. De esta manera quedan tres puntos en la aguja.

3- Hacer otra lazada y sacar los tres puntos juntos: así queda formado el primer punto media vareta.

4- Repetir hasta lograr el tamaño deseado.

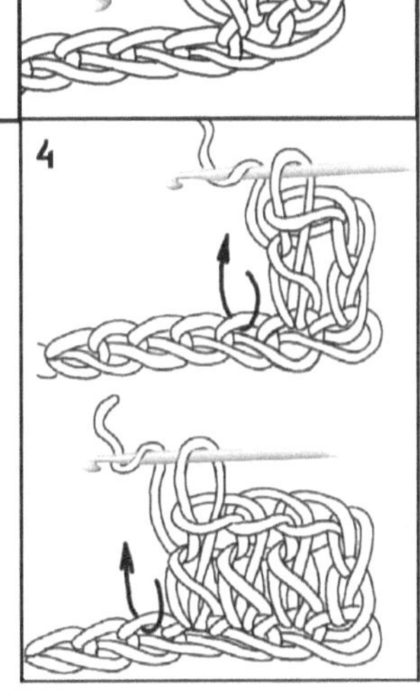

PUNTO CANGREJO

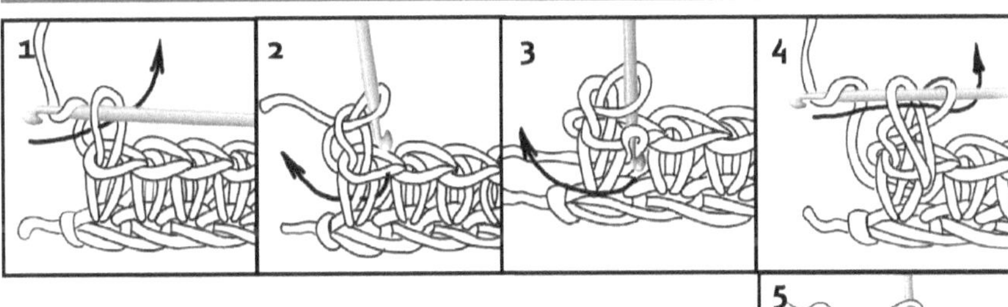

1- Comenzar con una hilera de medio punto como base. Enlazar la aguja y pasar por dentro, formando un punto cadena.

2- Introducir la aguja de adelante hacia atrás en el primer punto.

3- Enlazar la aguja y sacar hacia adelante tejiendo un punto. Quedan dos puntos en la aguja.

4- Enlazar y tejer los dos puntos del paso anterior.

5- Repetir hasta conseguir la medida deseada.

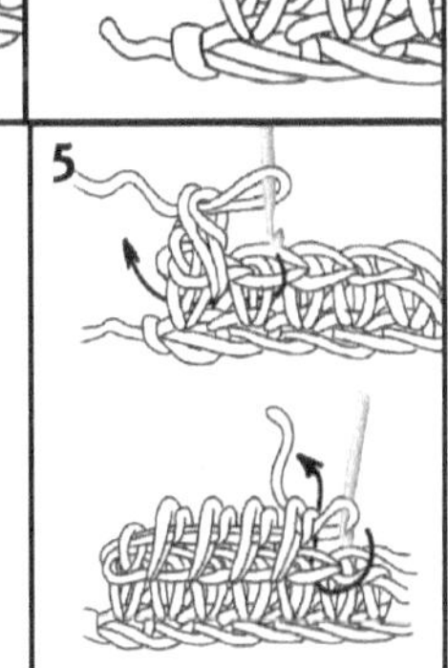

JUEGO DE SÁBANAS Y ALMOHADÓN

DIFICULTAD: fácil

MATERIALES

- 50 g. macramé
- Aguja N° 11/2

MUESTRA

10 cm = 20 puntos

PUNTOS UTILIZADOS

P. cadena, p. vareta, medio
punto, punto picot

PUNTOS UTILIZADOS	
Punto cadena	O
Medio punto	X
Punto vareta	T̅

PUNTILLA

Realizar puntilla para un juego de sábana según la medida deseada. Tejer
como indica el diagrama intercalando 2 hileras de color gris, 2 hileras de
color blanco, 2 hileras de color natural.

TERMINACIÓN

Unir la puntilla en los extremos de fundas y en sábana.

ALMOHADÓN

Sobre una base de 18 cm.
Tejer vareta en color blanco, hasta obtener 23 cm de alto.
Realizar otra pieza.

Terminación
Pegar 1 botón.

DIAGRAMA DE ALMOHADÓN

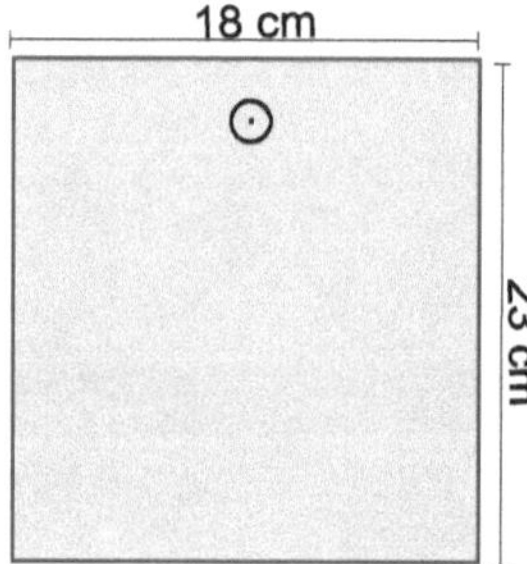

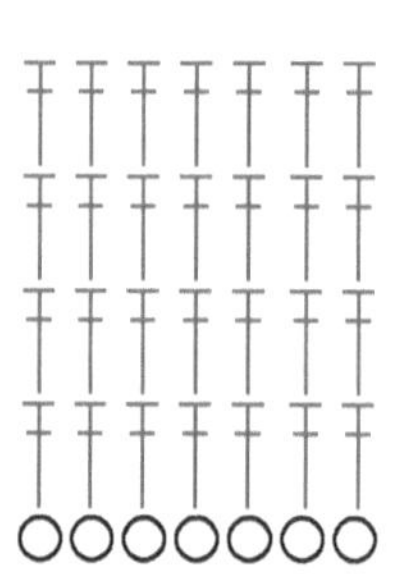

DIAGRAMA DE PUNTILLA

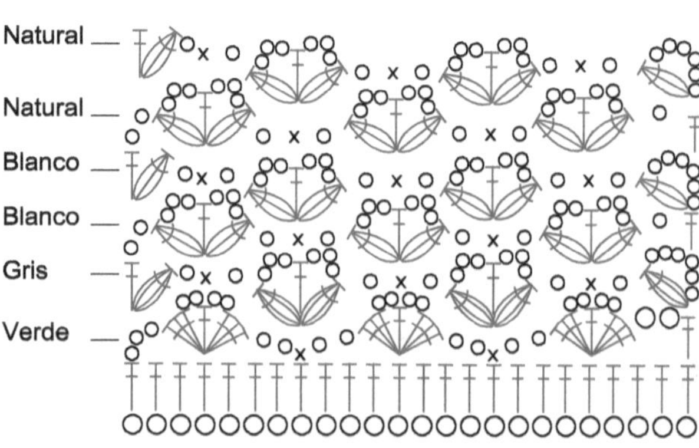

ACOLCHADO JUVENIL

DIFICULTAD: fácil

PUNTOS UTILIZADOS	
Punto cadena	O
Punto vareta	T

MATERIALES
• 75 grs. cada cuadrado lana
fibra, cashmilon, hilo de algodón.
• Aguja N° 2 1/2

MUESTRA
10 cm. = 20 puntos

PUNTOS UTILIZADOS
P. cadena, p. vareta

COMIENZO
Sobre una base de 66 cadenas, tejer 46 hileras de vareta, cambiando de color según indica el número o la letra. Variar los puntos o las hileras según el hilo con que se teja, todos tienen que ser distintos pero de igual tamaño.

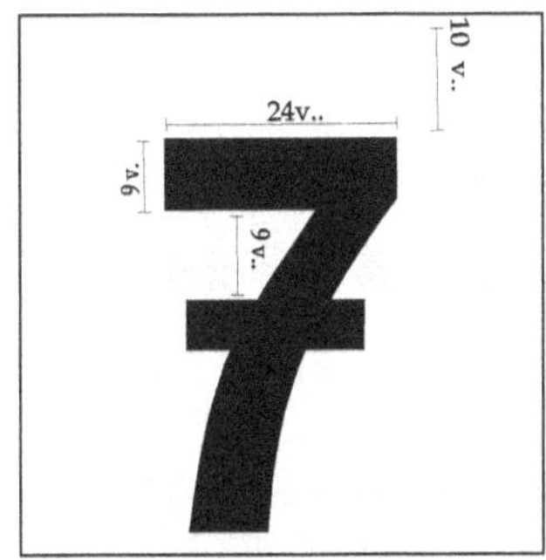

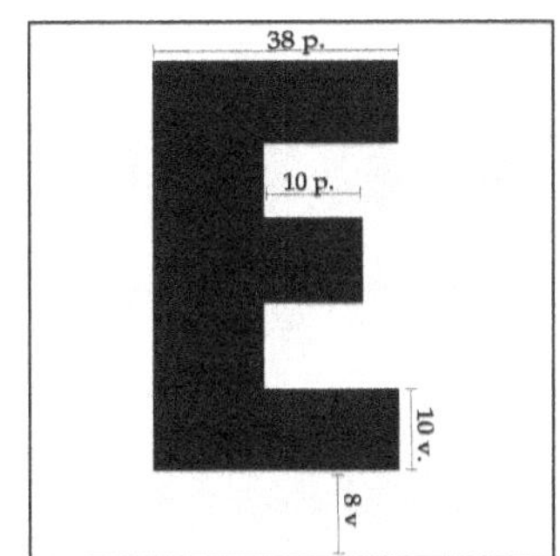

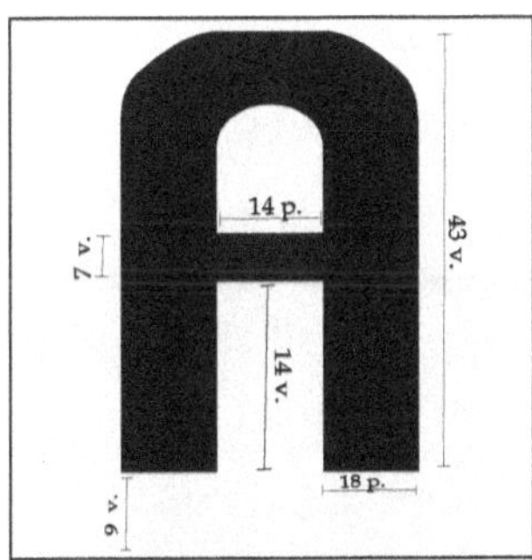

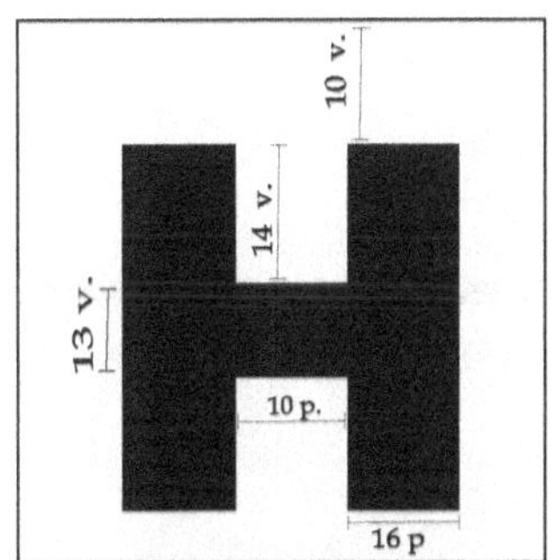

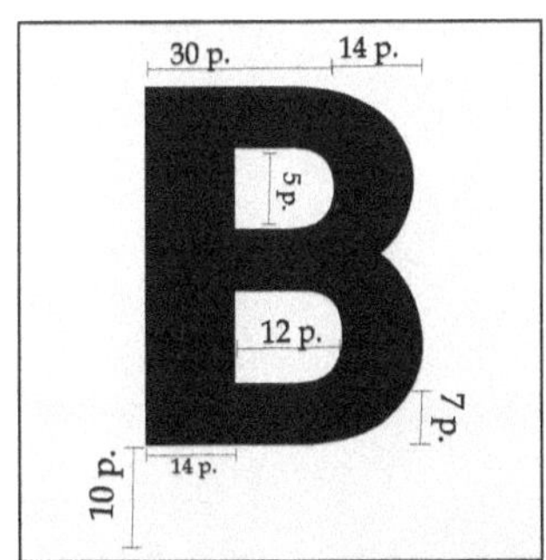

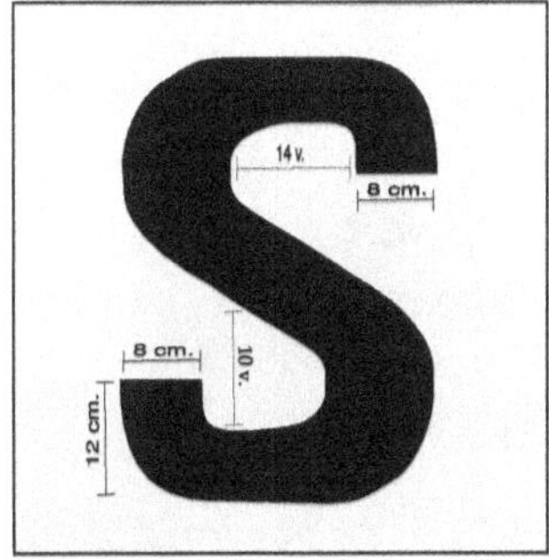

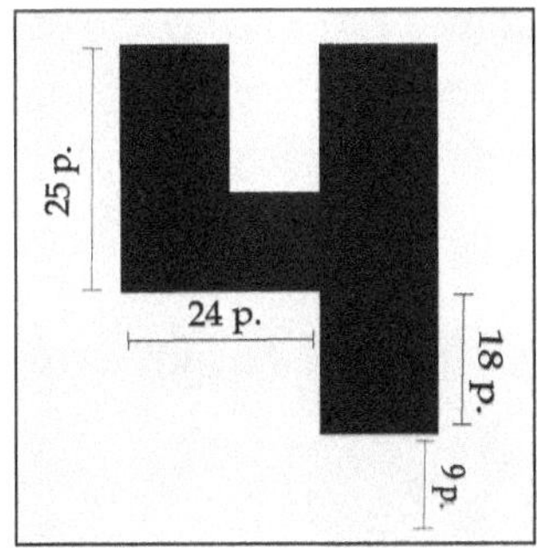

INDIVIDUAL Y PORTASERVILLETA

DIFICULTAD: fácil

MATERIALES

- 50 g macramé
- Aguja N° 11/2

MUESTRA

10 cm = 20 puntos

PUNTOS UTILIZADOS

P. cadena, p. vareta, medio
punto, punto picot

<table>
<tr><td colspan="2">PUNTOS UTILIZADOS</td></tr>
<tr><td>Punto cadena</td><td>O</td></tr>
<tr><td>Medio punto</td><td>×</td></tr>
<tr><td>Punto vareta</td><td>Ŧ</td></tr>
<tr><td>Punto 1/2 vareta</td><td>T</td></tr>
</table>

PORTASERVILLETA

Sobre una base de 3 cadenas. Subir con 3 cadenas, realizar 2 varetas. Continuar aumentando en ambos extremos como indica el diagrama. Realizar la prenda según el individual deseado. Contornear el portaservilleta como indica el diagrama de terminación.

TERMINACIÓN

Contornear individual y servilleta como indica el diagrama.

CONTORNO DE
INDIVIDUAL Y
SERVILLETA

TERMINACIÓN
DE PORTASER-
VILLETA

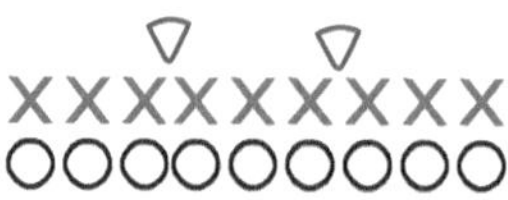

PORTASERVILLETA

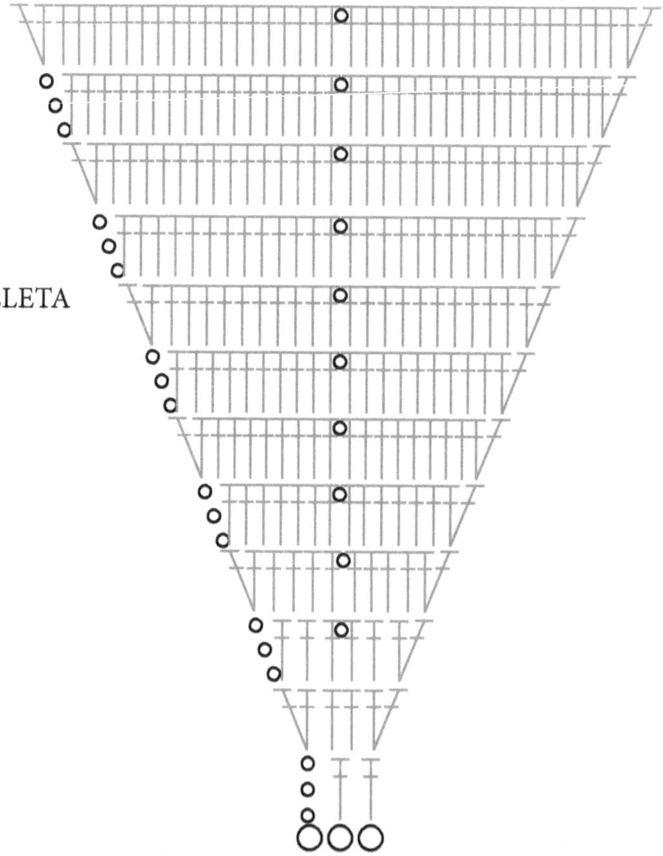

CARPETA FANTASÍA

DIFICULTAD: fácil

MATERIALES

- 400 g hilo de algodón gruesito
- Aguja N° 3 1/2

MUESTRA

10 cm. = 20 puntos

PUNTOS UTILIZADOS	
Punto cadena	O
Punto vareta	
Punto 1/2 vareta	T
Medio punto	×
Punto pico	人

PUNTOS UTILIZADOS

P. cadena, p. vareta, 1/2 vareta, medio punto, p. pico.

COMIENZO

Sobre una base de 10 cadenas, unir y tejer en círculo. Próxima hilera realizar 3 cadenas para subir 23 varetas. Siguiente hilera tejer 3 cadenas para subir, 1 vareta en cada vareta de base y 1 cadena entre cada vareta. Próxima hilera continuar con 3 cadenas para subir, 4 varetas enlazadas, 2 cadenas, vareta enlazadas. Siguiente hilera tejer 6 cadenas, insertar con medio punto en cadena de base. Próxima hilera tejer 7 cadenas, medio punto en el centro de cadena de base. 7° vuelta tejer 8 cadenas, insertar con medio

punto en el centro de cadena anterior. 8° vuelta tejer 3 cadenas, 5 varetas con 1 p. pico entre las varetas de base, 3 cadenas insertar con medio punto en cadena de base. Siguiente tejer 3 cadenas y repetir. Desde la hilera 1 hasta la 4 tejer de un color, de la hilera 5 hasta la 8 de otro color. Realizar 25 piezas. Colores invertidos.

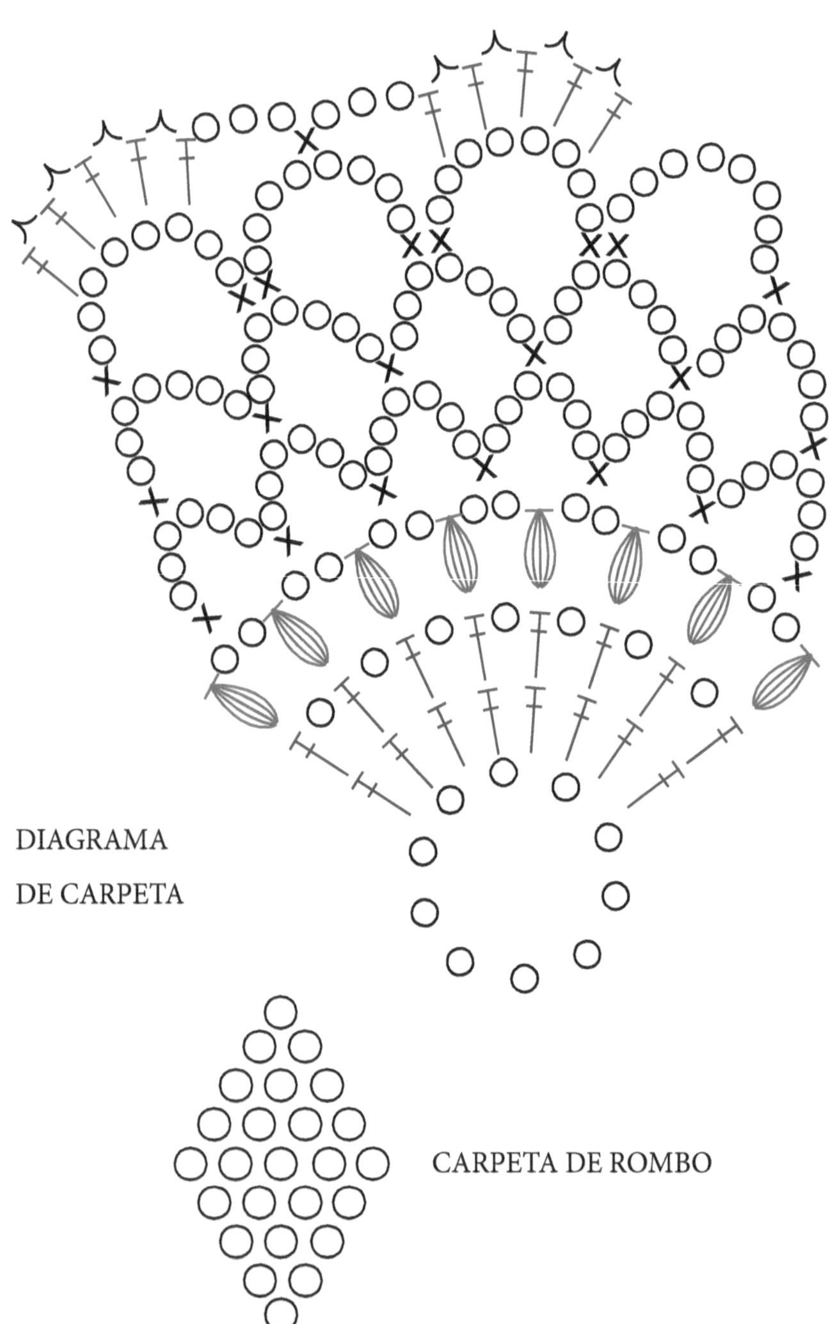

DIAGRAMA
DE CARPETA
CARPETA DE ROMBO

ZONA DE JUEGOS

DIFICULTAD: fácil

MATERIALES

- 80 g de hilo macramé
- Aguja de crochet N° 0

MUESTRA

10 cm = 20 puntos

PUNTOS UTILIZADOS

P. cadena, p. vareta

Sobre una base de 15 cm x 15 cm tejer en vareta respetando las medidas hasta obtener 17 hileras. Realizar 6 veces.

PUNTOS UTILIZADOS
Punto cadena   O
Punto vareta   Ŧ

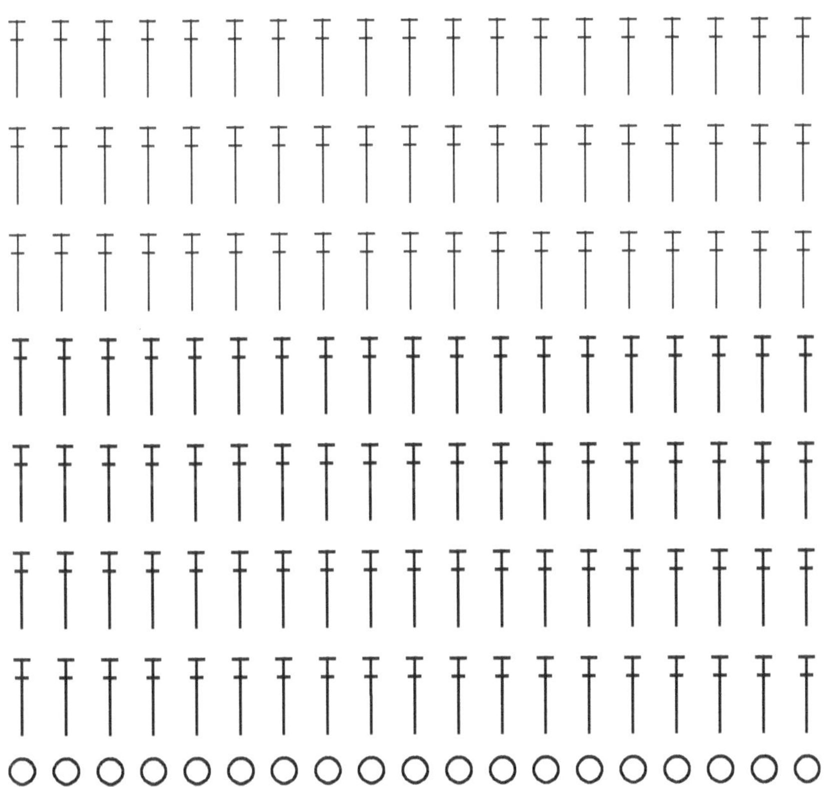

CAMINO DISTINGUIDO

DIFICULTAD: medio

MATERIALES

- 50 g algodón fino
- Aguja N° 11/2

MUESTRA

10 cm = 20 puntos

PUNTOS UTILIZADOS

P. cadena, p. vareta, medio
punto

PUNTOS UTILIZADOS	
Punto cadena	O
Punto vareta	⊤
Medio punto	×
× =	⊤⊤⊤⊤
□ =	⊤OO⊤

COMIENZO
Tejer según indica el diagrama. Referencia cuadrado equivale 1 vareta, 2 cadenas, 1 vareta. La x equivale a 4 varetas.

TERMINACIÓN
Al finalizar el dibujo, realizar en el contorno del mismo diagrama de terminación abanicos de 6 varetas, insertar con medio punto, tejer 6 cadenas, medio punto, continuar con abanico. 2° hilera tejer sobre las varetas, 2 varetas que cierran juntas, 3 cadenas, 2 varetas que cierran juntas, 3 cadenas, 2 varetas que cierran juntas, 3 cadenas, medio punto, 3 cadenas, repetir.

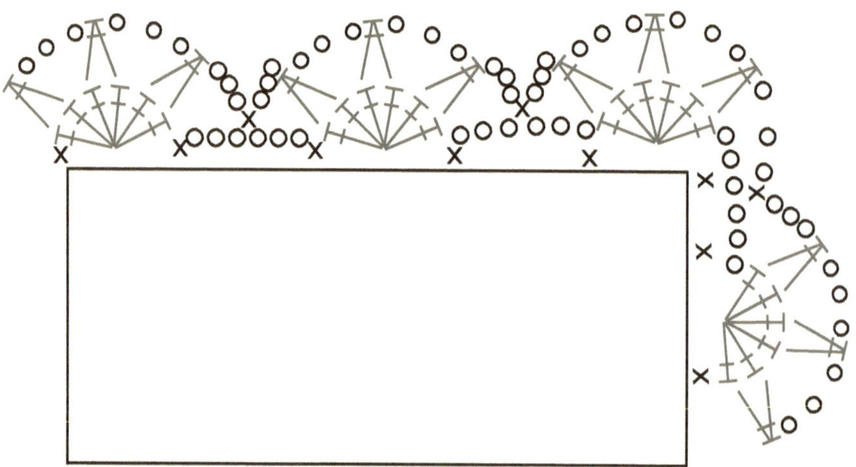

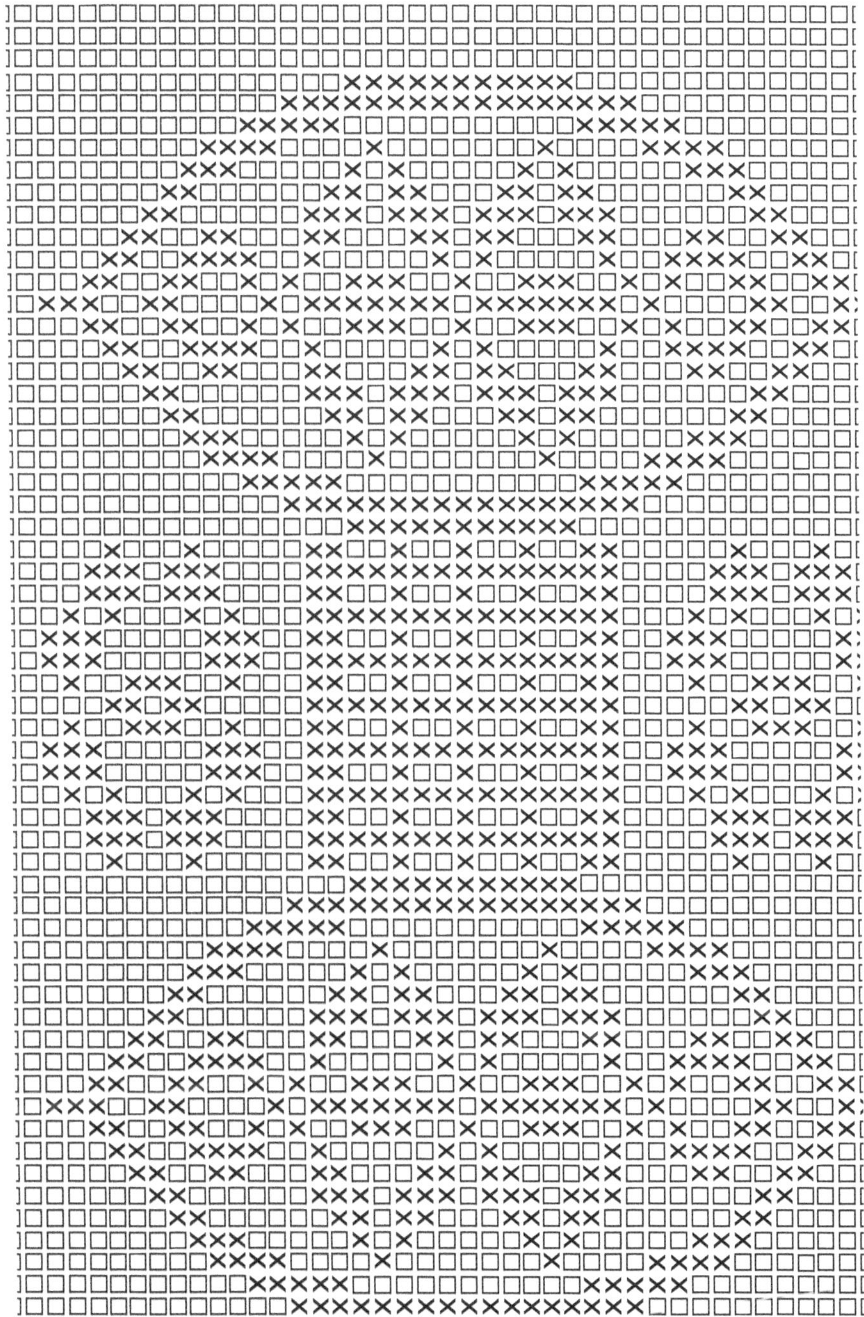

UNA IDEA PARA DOS MODELOS

DIFICULTAD: fácil

MATERIALES
- 250 g de hilo rústico
- Aguja de crochet N° 3

MUESTRA
10 cm = 20 puntos

PUNTOS UTILIZADOS
P. cadena, p. vareta, medio p.,
doble vareta

PUNTOS UTILIZADOS	
P. cadena	O
Medio p.	×
P. vareta	⊤
P. doble vareta	⧫

COMIENZO

Sobre una base de 8 cadenas, unir y tejer en círculos. Próxima hilera tejer 14 1/2 puntos, siempre tejer 3 cadenas para subir. Siguiente hilera realizar 12 varetas separadas por 2 cadenas. Próxima hilera subir con 3 cadenas, tejer 50 varetas. Siguiente hilera subir con 3 cadenas, tejer en el mismo punto de base 1 abanico de 1 vareta con 2 cadenas, dejar 2 puntos de base tejer 1 cadena al aire, continuar tejiendo en el punto de base, 2 varetas con 2 cadenas entre sí, tejer 1 cadena al aire, realizar 1 vareta, 1 cadena, 1 vareta, 1 cadena. Repetir hasta finalizar hilera. Próxima subir con 3 cadenas, continuar tejiendo, en las dos cadenas de base realizar 2 dobles varetas, 2 cadenas al aire, otras 2 dobles varetas, comenzar en la cadena de base, tejiendo 3 cadenas al aire, continuar en las 2 cadenas de base, tejiendo 2

MOLDE

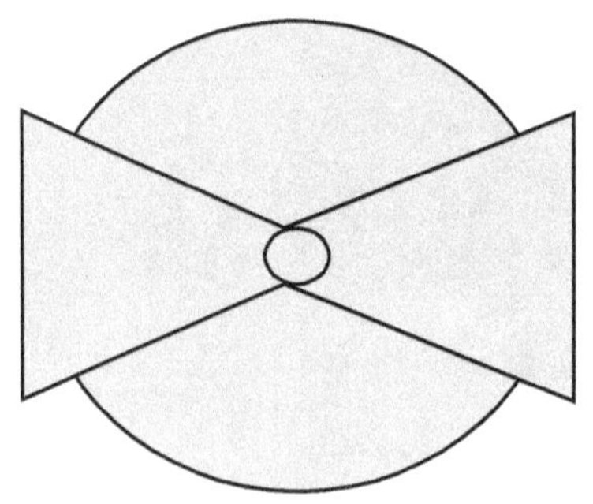

varetas dobles, 2 cadenas al aire, 2 varetas dobles, realizar 3 cadenas al aire en la cadena de base, continuar tejiendo 1 cadena al aire, 1 vareta, 1 cadena al aire, 1 vareta, 1 cadena al aire, 1 vareta. Repetir. Siguiente hilera tejer en las 2 cadenas de base, tejer igual 2 dobles varetas, 2 cadenas al aire, 2 dobles varetas, 5 cadenas al aire en las 3 cadenas de base, continuar con 2 dobles varetas, 2 cadenas al aire, 2 dobles varetas, 1 cadena, 1 vareta, 1 cadena, 1 vareta, 1 cadena, 1 vareta, 1 cadena, 1 vareta. Próxima hilera subir con 3 cadenas, tejer en las 2 cadenas de base, 2 dobles varetas, 2 cadenas al aire, 2 dobles varetas, 4 cadenas, insertar en el arco de base con 1/2 punto 9, realizar otras 4 cadenas, continuar en las 2 cadenas de base, con 2 dobles varetas, 2 cadenas, 2 dobles varetas, 1 cadenas, 1 vareta, 1 cadena, 1 vareta, 1 cadena, 1 vareta, 1 cadena, 1 vareta, 1 cadena, 1 vareta. Siguiente hilera subir con 3 cadenas, tejer en las 2 cadenas de base, 2 dobles varetas, 2 cadenas, 2 dobles varetas, 7 cadenas al aire, insertar con 1/2 punto en el punto de base, realizar otras 7 cadenas al aire, continuar en las 2 cadenas de base tejiendo 2 dobles varetas, 2 cadenas, 2 dobles varetas, 1 cadena, 1 vareta, 1 cadena, 1 vareta, 1 cadena, 1 vareta. Repetir hasta obtener 6 varetas. Próximas hileras tejer según el diagrama teniendo como referencia la próxima hilera, tejer en las 2 cadenas de base 2 dobles varetas, 2 cadenas al aire, 2 dobles varetas, 10 cadenas al aire, insertar con 1/2 punto en el punto de base, continuar con 10 cadenas al aire, repetir lo de base, en las 2 cadenas, continuar con 1 cadena, 1 vareta, 1 cadena, repetir hasta obtener 8 varetas (ver diagrama).

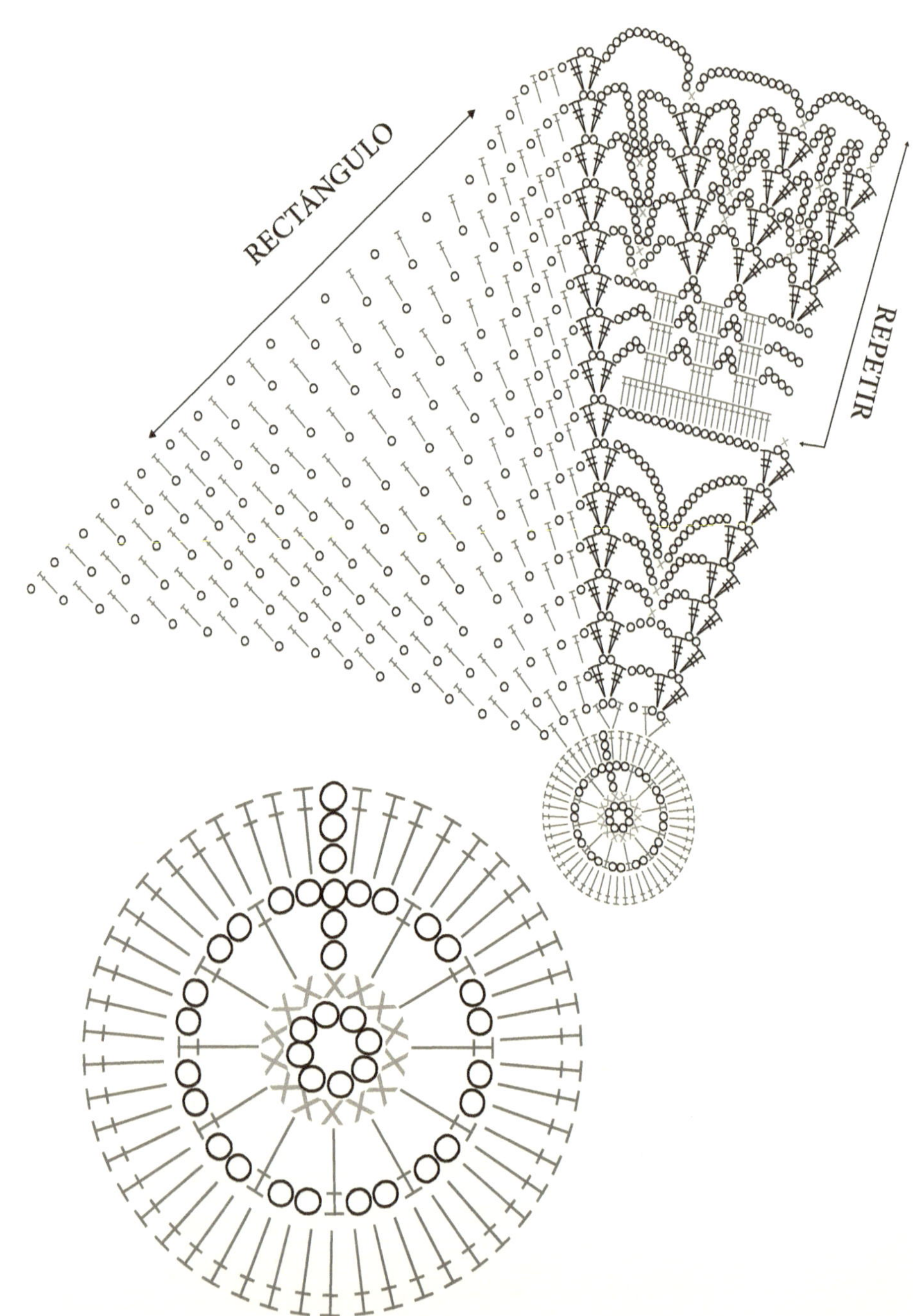

RECTÁNGULO
REPETIR

BANDANA

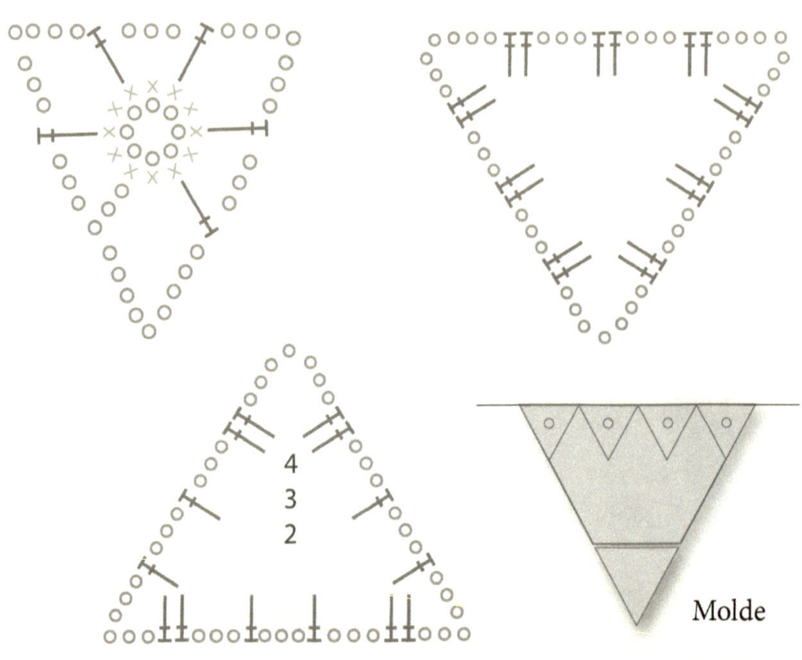

Molde

DIFICULTAD: medio

MATERIALES

• 200 g de hilo macramé blanco y lila

• Aguja crochet N° 0

PUNTOS

P. cadena, p. vareta, medio punto.

<table>
<tr><td colspan="2">PUNTOS UTILIZADOS</td></tr>
<tr><td>P. cadena</td><td>◯</td></tr>
<tr><td>Medio punto</td><td>✕</td></tr>
<tr><td>P. vareta</td><td>T̄</td></tr>
</table>

COMIENZO:

Sobre una base de 106 puntos, tejer una hilera en vareta doble, continuar cosiendo 4 triángulos (ver diagrama).

Dejar 7 puntos en ambos extremos, comenzar desde extremo derecho 8 cadenas al aire, 1 medio punto repetir hasta finalizar, todos los bordes. Tejer 4 hileras. Siguiente hilera continuar con 8 varetas dobles, 2 cadenas al aire, 1 medio punto en el arco. Repetir. Siguiente hilera, terminar las mismas, disminuir con 4 medio punto, comenzar 8 cadenas al aire, 1 medio punto, 8 cadenas al aire, 1 medio punto, 2 cadenas al aire y sobre las 8 varetas dobles tejer 1 vareta doble y 2 cadenas. Repetir 7 veces. Continuar 2 cadenas al aire, 1 medio punto en el arco de la hilera anterior, próxima hilera repetir igual. Continuar tejiendo 4 medio puntos, comenzar con 3 varetas dobles, 2 cadenas, tejer en las 2 cadenas de la hilera anterior, 1 medio punto, 8 cadenas, 1 medio punto, 2 cadenas, 3 doble varetas, repetir. Próxima hilera continuar con 4 medio puntos, realizar 8 cadenas al aire, 1 medio punto en arco de la hilera anterior. Repetir 6 hileras. Coser un triángulo en el extremo de la bandana (ver molde). Finalizar agregando en los extremos 1 tira de 20 cm. Bordear el tejido con color blanco.

CUBRECAMA Y PORTAPAÑAL PARA EL BEBÉ

DIFICULTAD: medio

MATERIALES

- 150 gr. hilo celeste, verde, rosa y blanco.
- Argolla, cinta de raso, lienzo, piqué, piedras.
- Aguja de crochet Nº 0.

PUNTOS UTILIZADOS

P. cadena, medio p., p. vareta.

COMIENZO

PORTAPAÑAL

Sobre una base de 70 cm x 55 cm coser en la parte inferior en forma recta y luego en las esquinas. En la parte recta, formar amplitud para el depósito de pañales. Colocar argollas, frunzir en el extremo superior, forrar en rosa y colocar apliques de flor.

Descripción de flor: 6 cadenas en círculo, tejer 13 p. vareta. Cerrar con 3 cadenas, continuar 6 cadenas al aire en gancho con medio p. Repetir completando 5 pétalos, tejer en cada uno 5 p. vareta (ver diagrama).

PUNTOS UTILIZADOS	
Punto cadena	O
Medio punto	X
Punto vareta	T

TERMINACIÓN

Pinchar las partes respetando las medidas. Sobre una superficie plana, rociar y dejar secar. Colocar cinta, piedras a gusto, piqué y argolla.

CUBRECAMA

Sobre una base de 6 cadenas, tejer en círculo 13 puntos en p. vareta. Continuar para los pétalos 6 cadenas al aire insertando con medio p. Repetir 5 pétalos, continuar en p. vareta (ver diagrama).

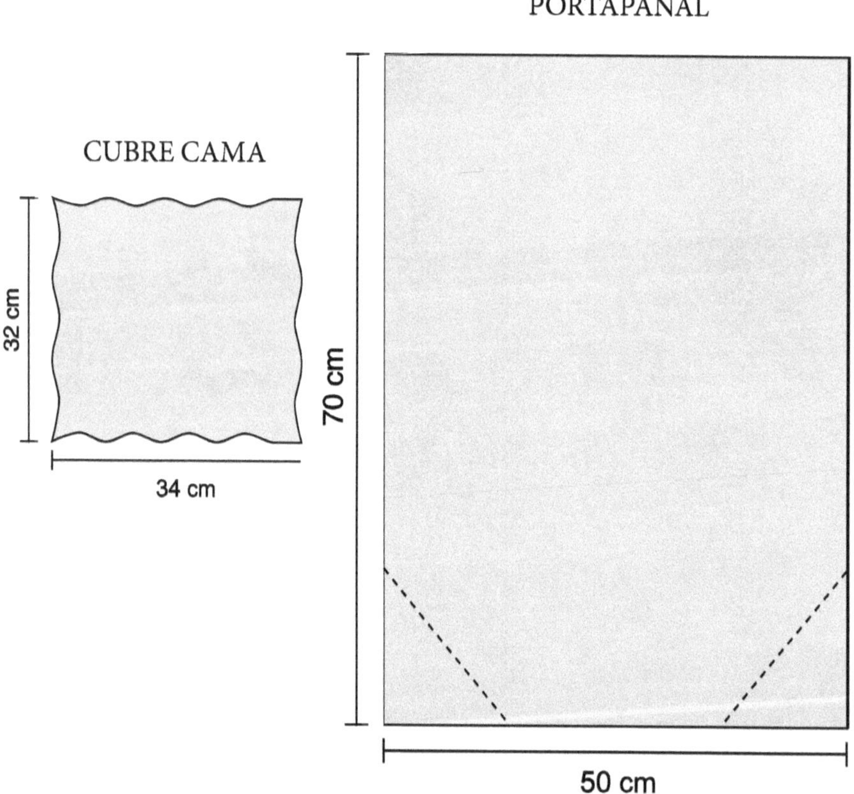

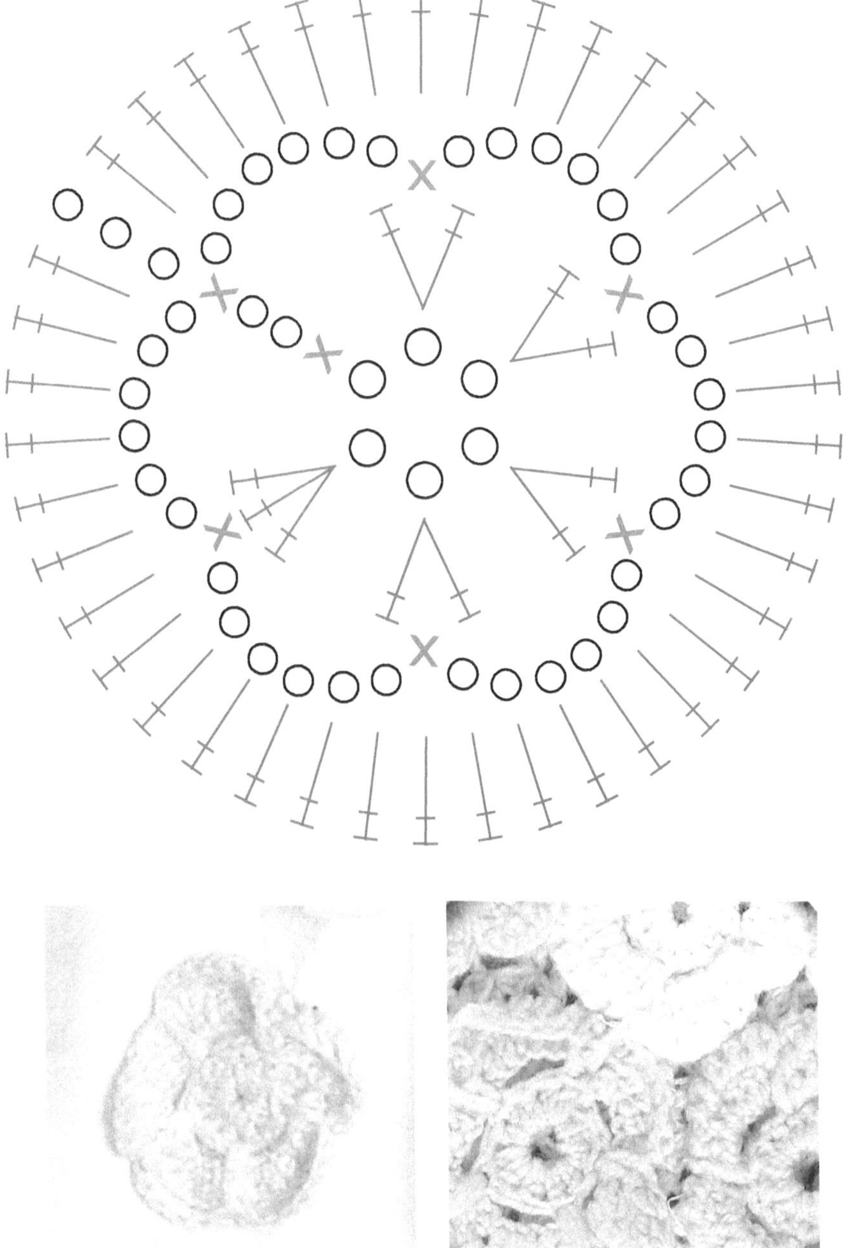

PUNTILLA PARA TOALLA

DIFICULTAD: medio

MATERIALES

- 50 g de hilo macramé
- Toalla blanca
- Aguja de crochet N° 1

MUESTRA

10 cm = 20 puntos

PUNTOS UTILIZADOS

P. cadena, p. vareta, medio p.,
1/2 vareta

COMIENZO

Sobre una toalla realizar 2 varetas, 2 cadenas dejando 2 puntos de base, 3 varetas, 5 cadenas en el extremo, realizar 1 abanico de 4 varetas con 3 cadenas entre sí. Próxima hilera tejer 1/2 punto en la vareta de base, 1 1/2 vareta en la cadena de base, 3 varetas, 1 1/2 vareta, 1 1/2 punto en la vareta de base. Repetir hasta finalizar los ar-

PUNTOS UTILIZADOS	
Punto cadena	O
Medio punto	×
Punto vareta	T̅
Punto 1/2 vareta	T

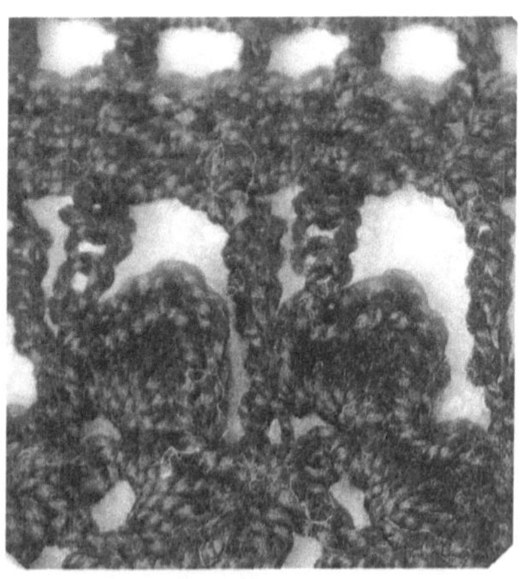

cos de 3 cadenas, tejer 5 cadenas de base, tejer 3 varetas en las varetas de base, continuar con 2 cadenas al aire, realizar 2 varetas. Siguiente hilera subir con 3 cadenas, tejer 1 vareta, 2 cadenas al aire, tejer 3 varetas en las varetas de base, realizar 5 cadenas al aire insertando con 1 1/2 punto en el centro del 2° abanico. Repetir. Próxima hilera tejer en el 1/2 punto de base un abanico de 4 varetas con 3 cadenas entre sí (ver diagrama). Repetir el dibujo, para realizar los arcos en los pétalos, insertar con vareta del pétalo central del trébol anterior. Tejer 30 dibujos para un toallón de 70 cm de ancho. Repetir más o menos 21 tréboles.

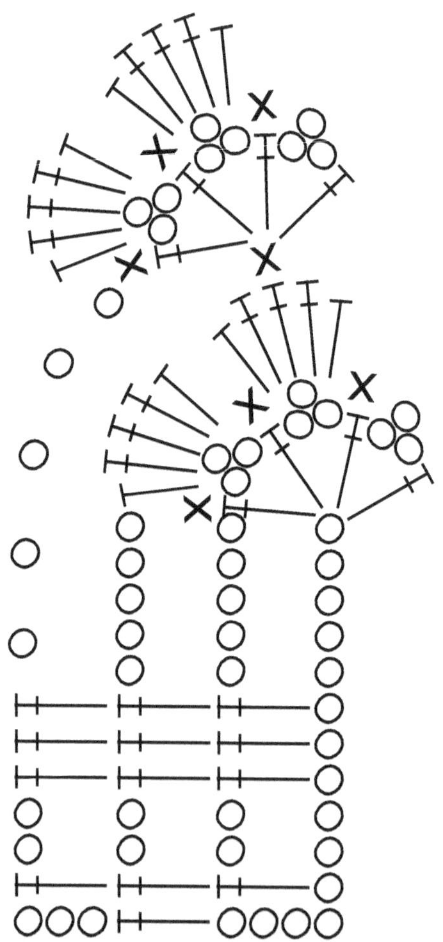

TEJIDO CON
DOS AGUJAS

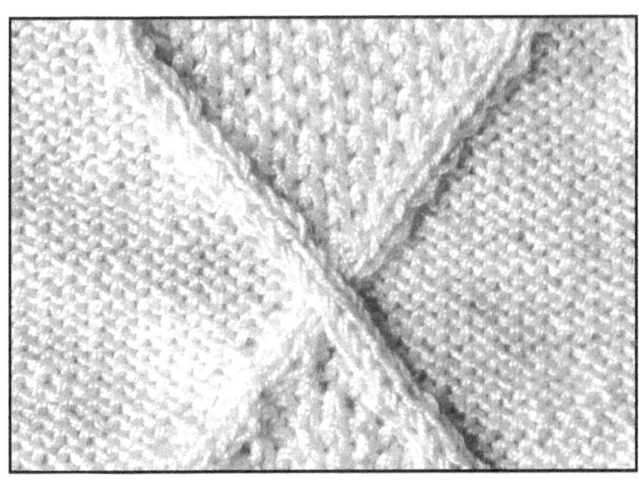

Consideraciones previas y puntos básicos

PUNTOS BÁSICOS

Existen dos formas de tejer los puntos, al derecho (hacia abajo) y al revés (hacia arriba). Aprendiendo estas dos maneras de tejer y combinando las diferentes formas se pueden obtener los siguientes puntos:

PUNTO SANTA CLARA

Se tejen todas las hileras en punto derecho.

PUNTO ELÁSTICO SIMPLE

En la primera hilera se teje un punto al derecho y otro al revés. Repetir en toda la hilera bajando la hebra para tejer el punto derecho y subirla para tejer el punto revés.

En la segunda hilera tejer los puntos como se presentan.

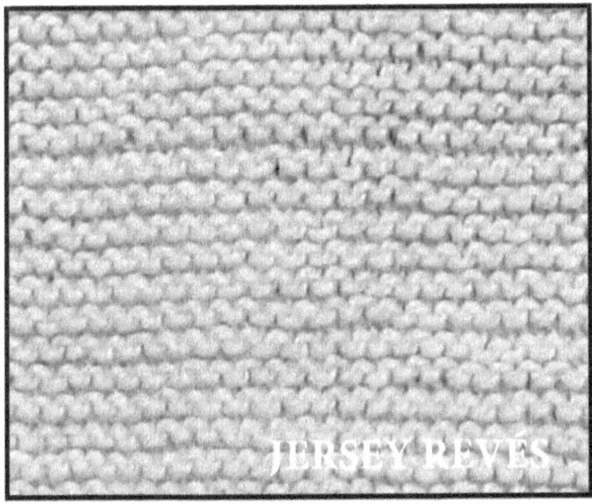

Se teje una hilera en punto derecho y una hilera en punto revés. Se repiten siempre estas dos hileras. Existen el punto jersey derecho o punto jersey revés. En ambos casos es el mismo punto. La diferencia está en que se utiliza como derecho de la prenda el revés del punto y viceversa.

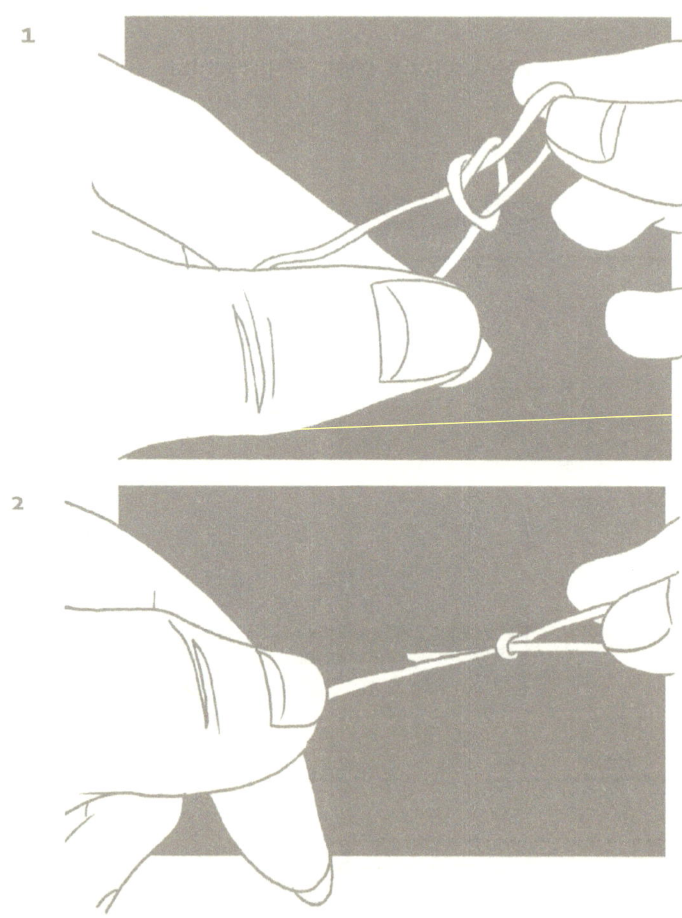

1 y 2– Hacer con la lana un nudo corredizo dejando una hebra larga.

3– Pasar la aguja por el nudo.

4– Se comienzan a montar los puntos formando un aro con la mano izquierda y haciendo pasar la aguja por su interior.

5– Ajustar.

6– Se puede montar de derecho o de revés.

7– Así va quedando el montado correctamente.

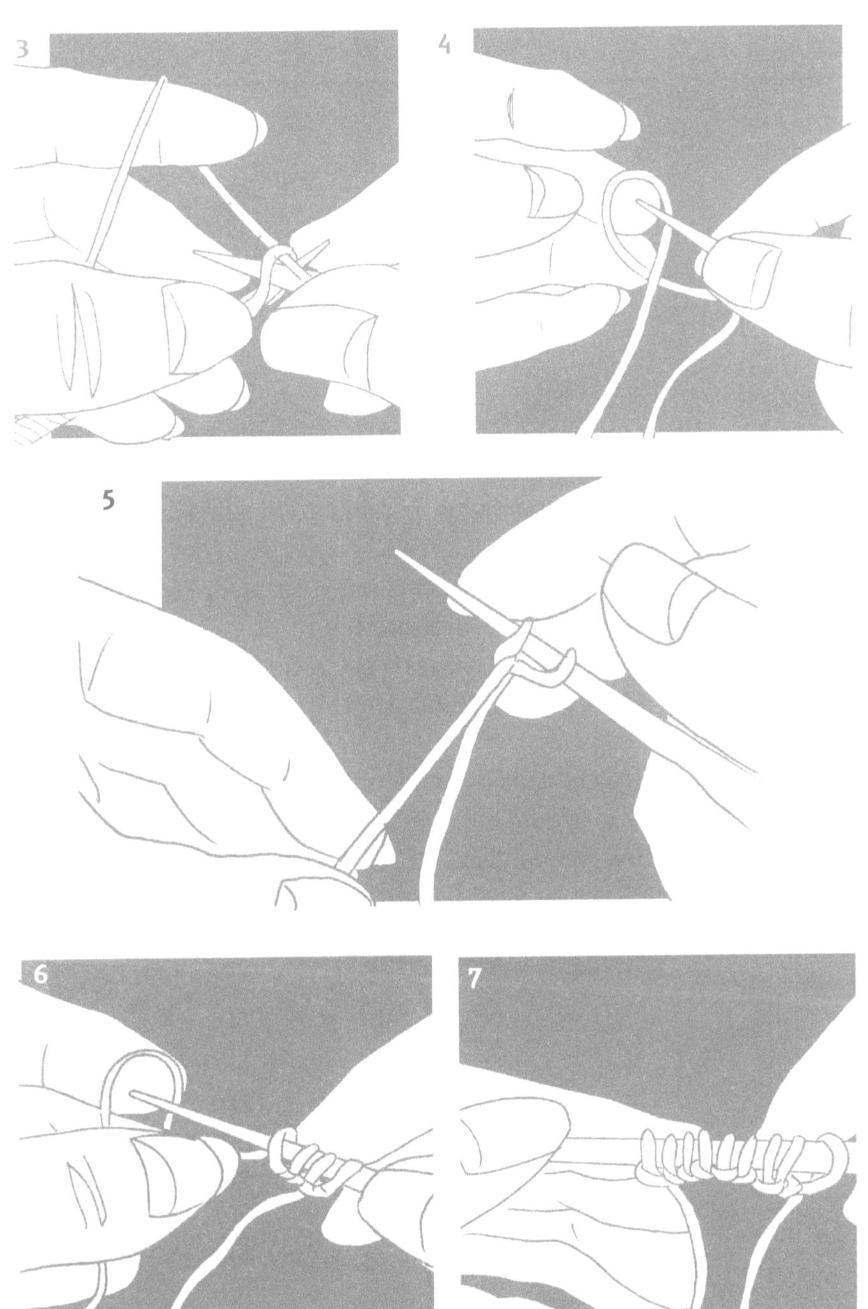

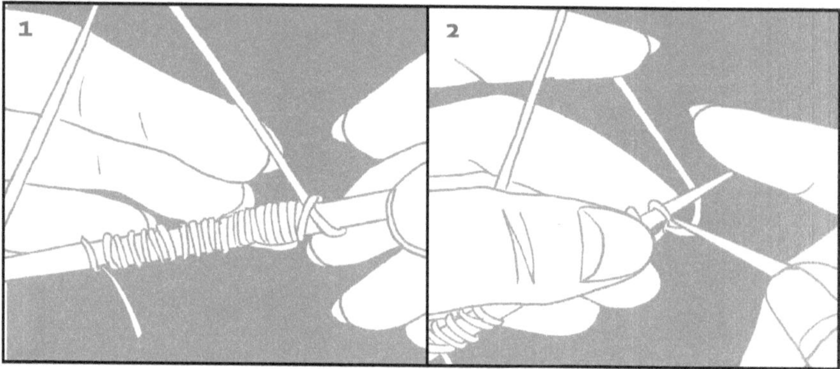

1– A partir de los puntos montados, se comienza el tejido del punto derecho.

La primera medida es tomar el hilo para que se mantenga una tensión uniforme como se muestra en la ilustración.

2– Para comenzar a tejer se pasa la aguja por el centro de adelante hacia atrás y se tira de la hebra hacia delante. Con este movimiento se arrastra la lazada.

3– Se pasa el punto de la aguja izquierda a la derecha.

4– Una vez pasados los puntos a la aguja derecha, éstas se invierten para comenzar a tejer una nueva hilera.

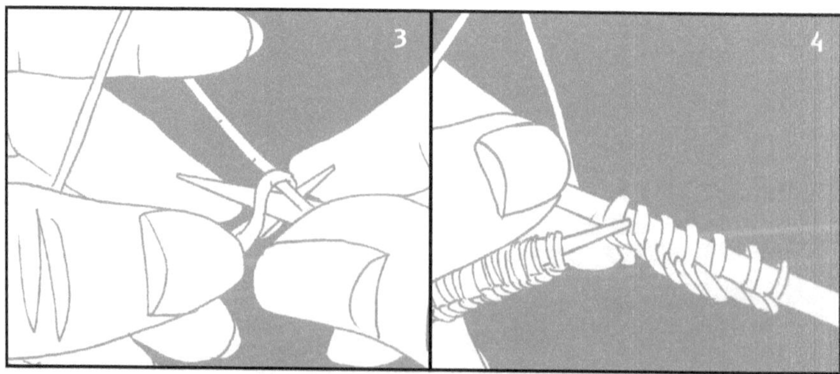

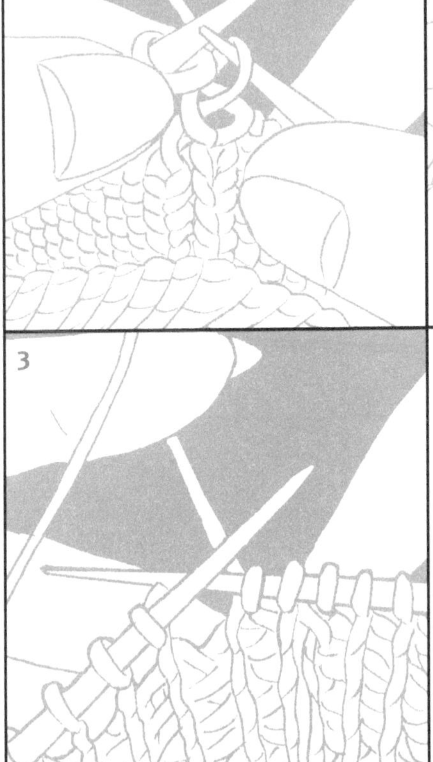

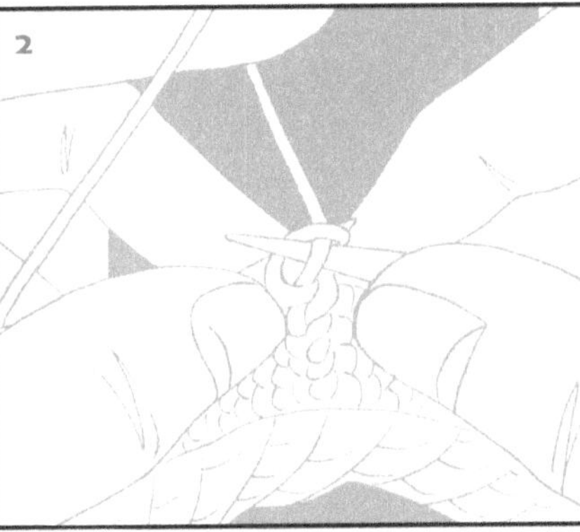

1– Existen diferentes maneras para aumentar puntos. A continuación, presentamos una de ellas.
Pasar la aguja por el punto de la vuelta anterior.

2– Se teje el punto normalmente, tanto de derecho o de revés.

3– Así, continuar el tejido que se necesite.

PUNTO REVÉS

1– Se debe sostener la aguja con los puntos montados en la mano izquierda y la aguja con la hebra en la derecha.

2– Con la hebra hacia el frente se introduce la aguja de arriba hacia abajo y se tira.

3– Se envuelve la punta de la aguja derecha con la hebra.

4– Una vez pasados los puntos a la aguja derecha, éstas se invierten para comenzar a tejer una nueva hilera.

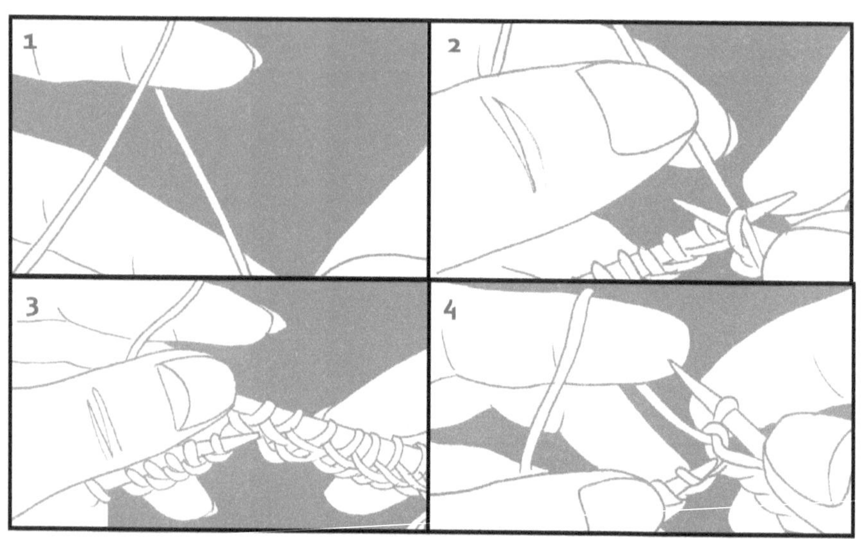

REMATAR

1– En la aguja derecha debe haber dos puntos.

2– Con la aguja izquierda se debe levantar el primer punto que está en la aguja derecha.

3– Pasar el punto levantado sobre el segundo punto de la aguja izquierda.

4– Queda un punto en la aguja derecha.

5– Tras tejer el próximo punto, vuelven a quedar dos en la aguja derecha. Repetir sucesivamente hasta el final, cuando el último punto quede en la aguja derecha. Se procede a cortar la hebra y a pasar el punto por dentro para luego ajustar.

UNIÓN DE LOS BORDES

La unión de los bordes es indispensable para obtener una costura sin abultamientos y si es posible, invisible. Cuando son bordes cerrados se debe coser tomando un punto de cada lado.

Cuando nos encontramos con la necesidad de unir unas prendas con puntos Santa Clara, se debe pasar la aguja por cada uno de los nudos que se encuentran en los bordes. Para el punto jersey, se debe pasar la aguja por el primer punto de cada lado, luego por el segundo y así sucesivamente.

TERMINACIONES

Una vez finalizado nuestro tejido, es importante que las terminaciones queden prolijas. Para no dejar hebras sueltas podemos utilizar una aguja de coser enhebrada con lana y envolver el borde por detrás del tejido.

TÚNICA EN DOS TONOS

ENTALLADA Y LARGA, EN TONOS CLÁSICOS, PERO EN UNA VERSIÓN SUPERMODERNA EN LA QUE SE DESTACA EL ORIGINAL ESCOTE CON CUELLO VOLCADO.

DIFICULTAD: fácil

MATERIALES

• 450 g repartidos en PIUMA y

BRUMA de L.H.O.

• Agujas No. 4

PUNTOS UTILIZADOS

P. Santa Clara;

P. jersey der.;

P. jersey rev.

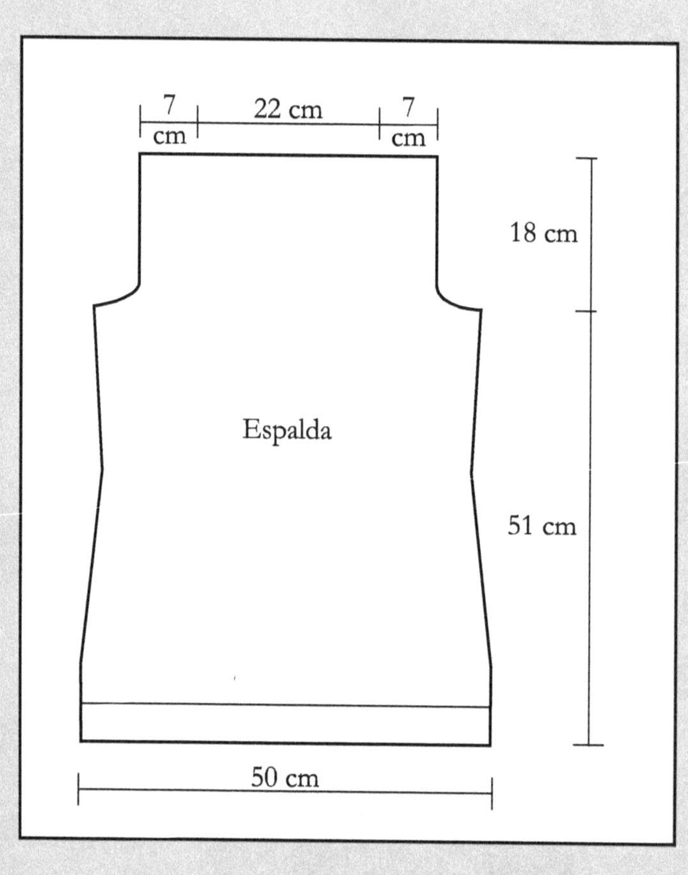

7 cm
22 cm
7 cm
18 cm
Espalda
51 cm
50 cm

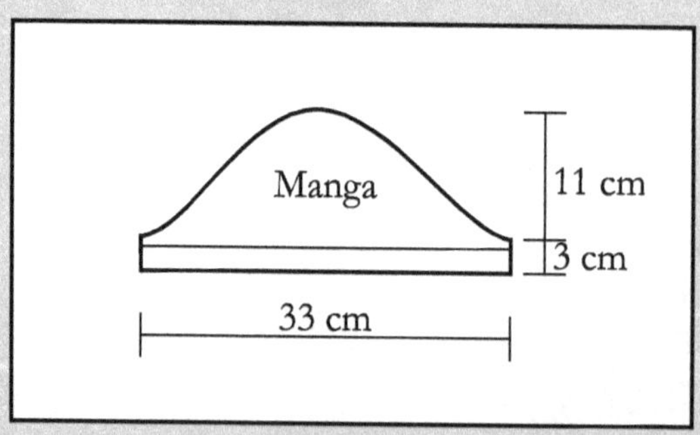

Manga
11 cm
3 cm
33 cm

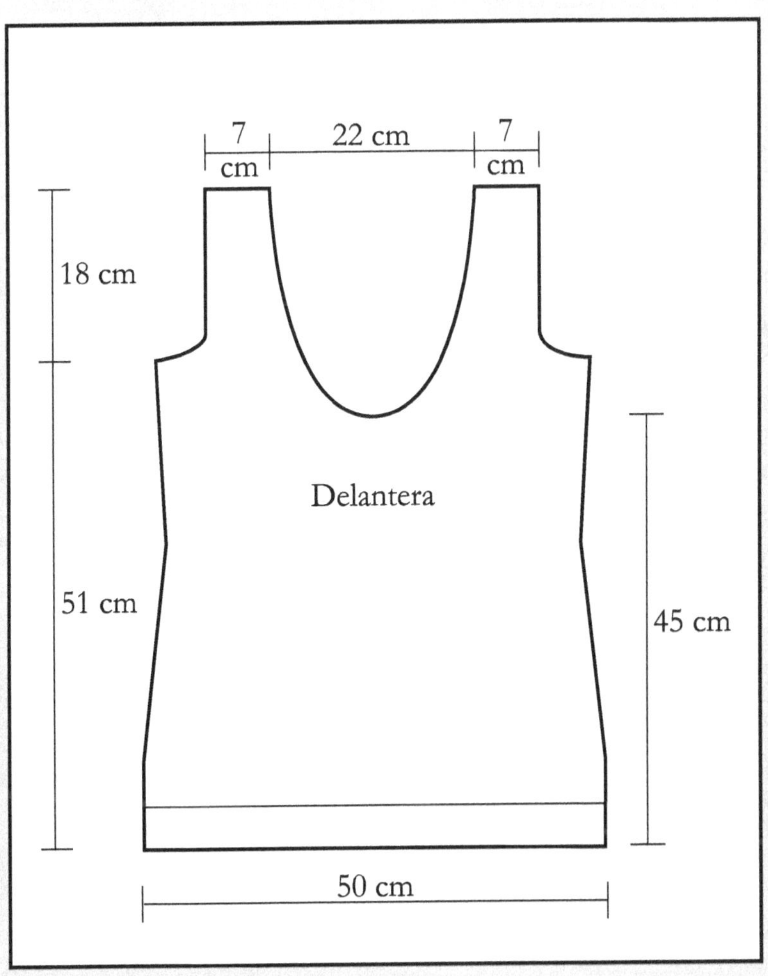

7 cm
22 cm
7 cm
18 cm
51 cm
45 cm
Delantera
50 cm

ESPALDA

Con negro montar 90 p. y tej. 8 h. en p. Sta. Clara. Continuar tej. alternando * 6 h. con beige en p. jersey der. y 6 h. con negro en p. jersey rev.*, repetir de * a * siempre. Al mismo tiempo a los 9 cm. de largo total dism. 1 p. a cada lado y repetir esta dism. cada 9 h. por 2 veces. A los 51 cm. de largo total cerrar para la sisa a cada lado cada 2 h.: 4 p., 3 p. y 5 veces 1 p. A los 18 cm. de alto de sisa cerrar los p. restantes sin ajustar.

DELANTERA

Se teje como la espalda pero a los 45 cm de largo total cerrar los 16 p. centrales de una vez para el escote y continuar cada lado por separado cerrando del lado del escote cada 2 h.: 2 veces 3 p. , 3 veces 2 p. y 1 p.

MANGAS

Con negro montar 60 p. y tej. 8 h. en p. Sta. Clara. Continuar tej. alternando * 6 h. con beige en p. jersey der. y 6 h. con negro en p. jersey rev. *, repetir de * a * siempre y cerrar para la bocamanga a cada lado cada 2 h.: 9 veces 1 p. y 3 veces 2 p. En la 3º raya beige cerrar los p. restantes sin ajustar.

TERMINACIÓN

Sin planchar el tejido coser las costuras de los costados y un hombro. Con negro levantar los p. alrededor del escote y tej. 8 cm en p. Sta. Clara. Cerrar los p. sin ajustar. Coser el hombro restante, las costuras de las mangas y colocarlas en las sisas.

SACO CON DOBLE BOTONADURA

INFALTABLE ESTE SACO LARGO Y CRUZADO, EN COLOR MAÍZ, COMPAÑERO IDEAL EN LOS DÍAS DE CLIMA INESTABLE DEL OTOÑO.

DIFICULTAD: fácil

MATERIALES

- 650 g de lana MERINO de L.H.O. usado doble
- Agujas No. 4 1/2
- Aguja auxiliar
- 4 botones

PUNTOS UTILIZADOS

P. de rombos: siguiendo el diagrama

P. canelón

P. arroz

ESPALDA

Montar 80 p., tej. 18 cm en p. canelón y continuar así: 10 p. arroz, 22 p. de rombos, 16 p. arroz, 22 p. de rombos y 10 p. arroz. A los 43 cm de largo total cerrar para la sisa a cada lado cada 2 h.: 2 veces 2 p. y 2 veces 1 p. A los 19 cm de alto de sisa cerrar los p. restantes sin ajustar.

DELANTERA DERECHA

Montar 36 p., tej. 18 cm en p. canelón y continuar así: 7 p. arroz, 22 p. de rombos y 7 p. arroz. A los 25 cm de largo total dism. 1 p. para el escote, a la der., y repetir esta dism. cada 4 h. por 22 veces. Al mismo tiempo a los 43 cm de largo total cerrar para la sisa, a la izq., cada 2 h.: 2 veces 2 p. y 2 veces 1 p. A los 19 cm de alto de sisa cerrar los 8 p. restantes para el hombro.

DELANTERA IZQUIERDA

Se teje como la delantera derecha, pero invertida.

MANGAS

Montar 40 p., tej. 14 cm en p. canelón y continuar con los 22 p. centrales en p. de rombos y los laterales en p. arroz, aum. 1 p. a cada lado cada 6 h. hasta tener 56 p. A los 46 cm de largo total cerrar para la bocamanga a cada lado cada 2 h.: 3 p., 2 veces 2 p., 1 p., ahora cada 4 h.: 3 veces 1 p., nuevamente cada 2 h.: 1 p., 2 veces 2 p. y 3 p. A los 11 cm de alto de copa cerrar los p. restantes sin ajustar.

TERMINACIÓN

Sin planchar el tejido coser todas las costuras y colocar las mangas en las sisas. Levantar los p. alrededor de los bordes delanteros y de escote y tej. 14 cm en p. canelón. Cerrar los p. como se presentan sin ajustar. En la delantera lado derecho marcar 2 grupos de ojales, como muestra la foto, remallar 2 p. por ojal y cortar. Colocar los botones.

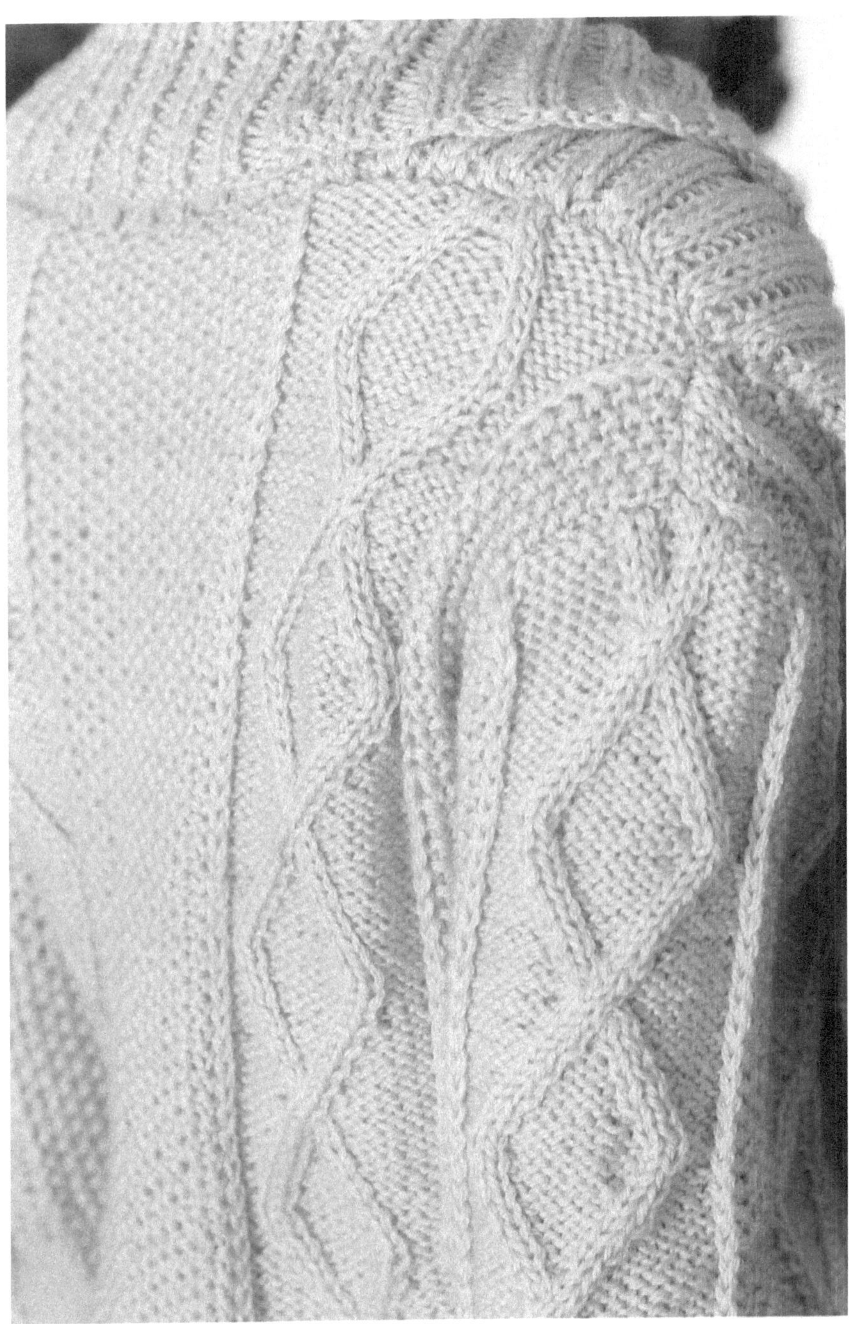

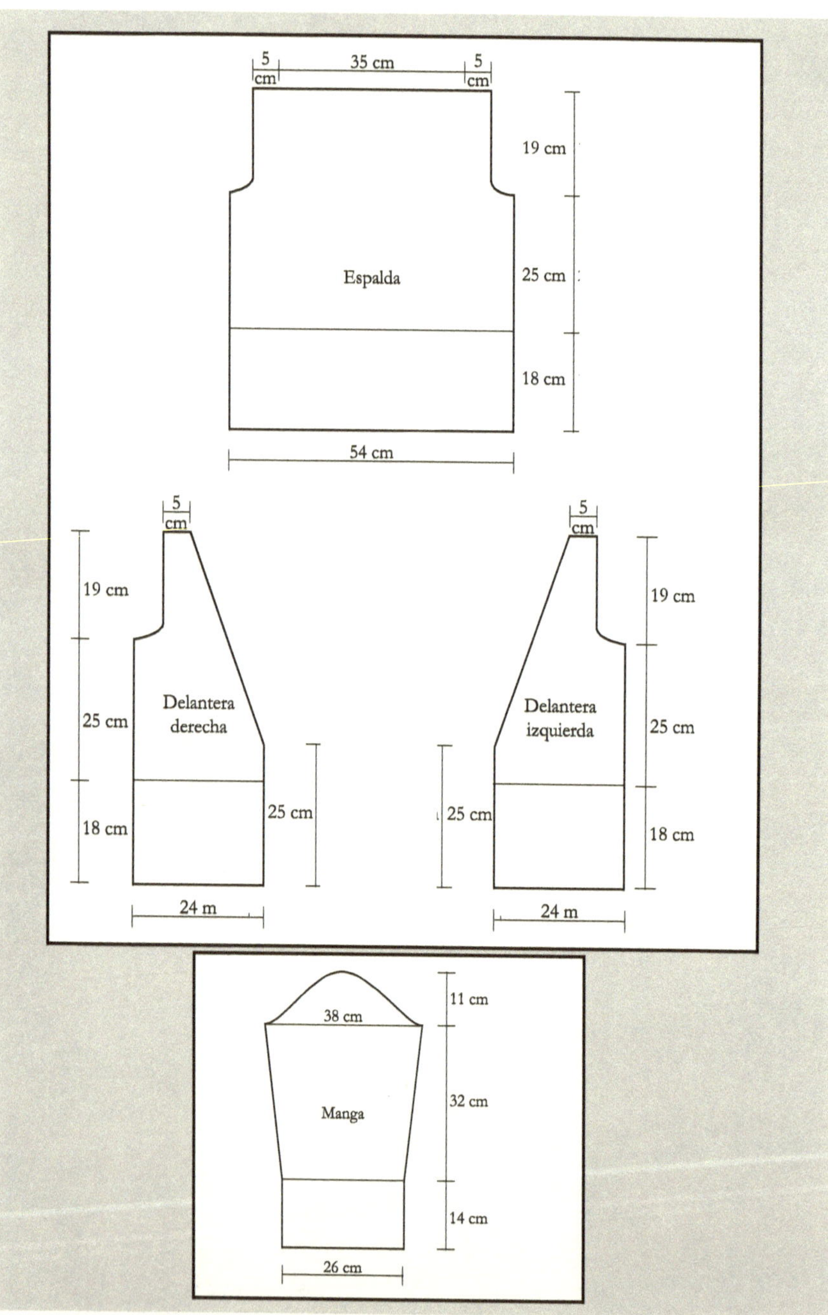

5 cm
35 cm
5 cm
19 cm
Espalda
25 cm
18 cm
54 cm
5 cm
5 cm
19 cm
19 cm
Delantera derecha
Delantera izquierda
25 cm
25 cm
18 cm
25 cm
25 cm
18 cm
24 m
24 m
11 cm
38 cm
32 cm
Manga
14 cm
26 cm

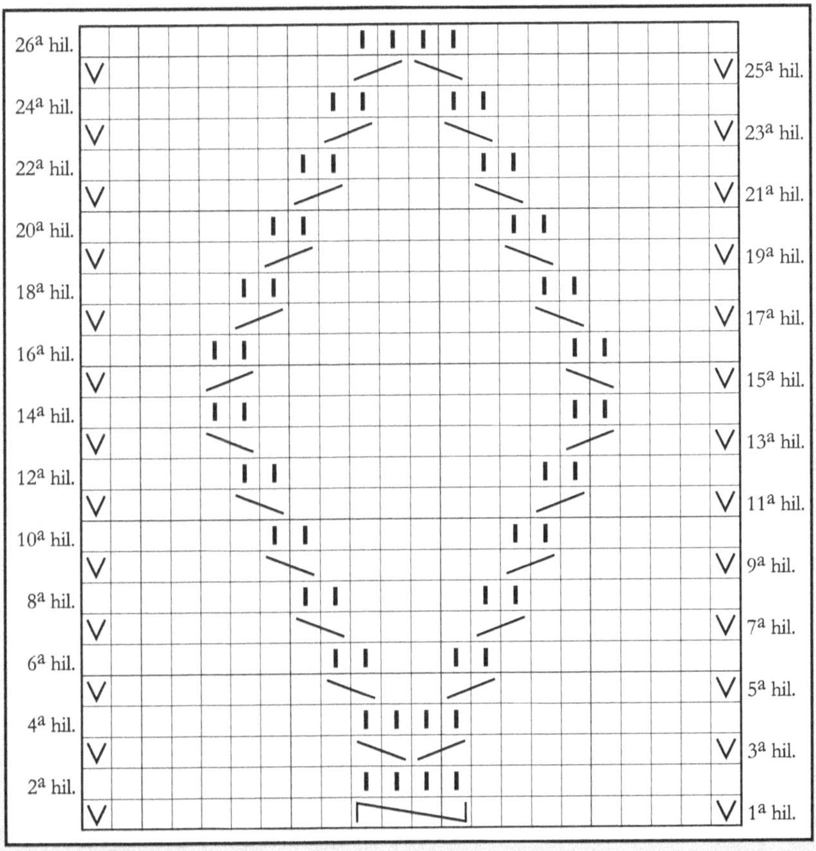

26ª hil. / 25ª hil. / 24ª hil. / 23ª hil. / 22ª hil. / 21ª hil. / 20ª hil. / 19ª hil. / 18ª hil. / 17ª hil. / 16ª hil. / 15ª hil. / 14ª hil. / 13ª hil. / 12ª hil. / 11ª hil. / 10ª hil. / 9ª hil. / 8ª hil. / 7ª hil. / 6ª hil. / 5ª hil. / 4ª hil. / 3ª hil. / 2ª hil. / 1ª hil.

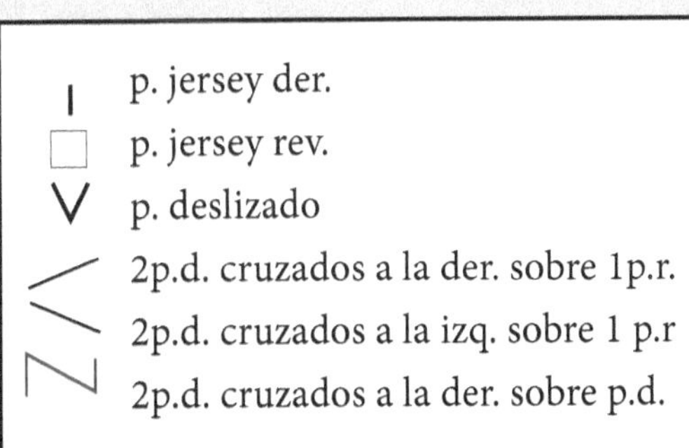

	p. jersey der.
□	p. jersey rev.
V	p. deslizado
/	2p.d. cruzados a la der. sobre 1p.r.
\	2p.d. cruzados a la izq. sobre 1 p.r
Z	2p.d. cruzados a la der. sobre p.d.

CAMPERITA ESTILO JEAN

CON DETALLES MUY ACTUALES Y DIVERTIDOS ES IDEAL A LA HORA DE COMPARTIR JUEGOS Y TRAVESURAS CON TUS AMIGUITOS.

DIFICULTAD: fácil

MATERIALES

- 350 g de lana MERINO de L.H.O
- Agujas No. 4 y 4 1/2
- 7 botones

PUNTOS EMPLEADOS

- P. elástico;
- P. arroz;
- P. jersey der.;
- P. jersey rev.;
- P. deslizado: en las h.d. deslizar el p. sin tejer y en las h.r. tej. el p. como se presenta.

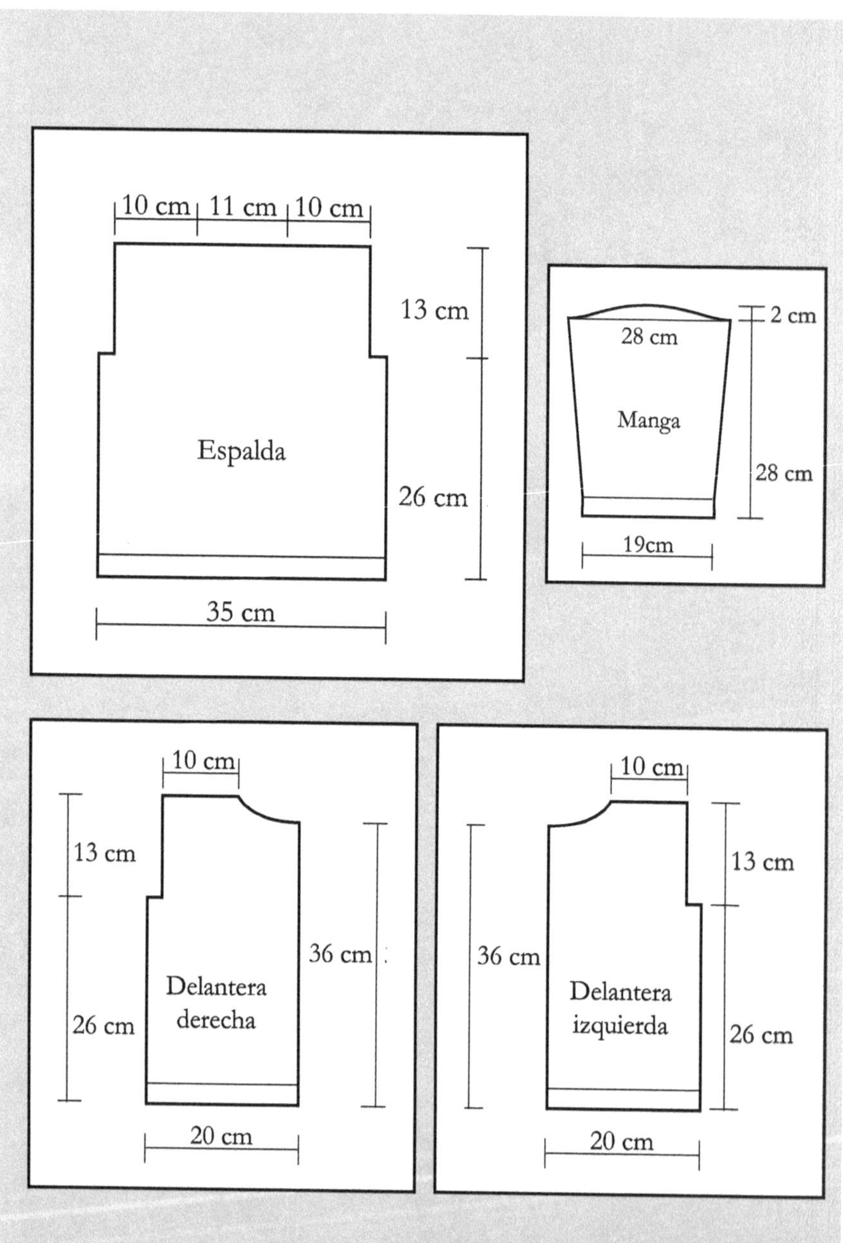

10 cm 11 cm 10 cm
13 cm
Espalda
26 cm
35 cm
2 cm
28 cm
Manga
28 cm
19cm
10 cm
13 cm
36 cm
26 cm
Delantera
derecha
20 cm
10 cm
13 cm
36 cm
26 cm
Delantera
izquierda
20 cm

ESPALDA

Con las ag. No. 4 montar 60 p. y tej. 6 h. en p. elástico. Cambiar a las ag. No. 4 1/2 y continuar tej. en p. jersey rev. A los 26 cm de largo total cerrar 4 p. a cada lado para la sisa y continuar tej. en p. arroz. A los 13 cm de alto de sisa cerrar los p. restantes sin ajustar.

DELANTERA DERECHA

Con las ag. No. 4 montar 36 p. y tej. 6 h. en p. elástico, con excepción de los 6 p. de borde adelante que se tejen siempre en p. arroz. Cambiar a las ag. No. 4 1/2 y continuar tej. así: 6 p. arroz, 10 p. jersey rev., 1 p. deslizado, 8 p. arroz, 1 p. deslizado y 10 p. arroz. A los 26 cm de largo total cerrar para la sisa, a la izq., 4 p. y continuar en p. arroz. A los 10 cm de alto de sisa cerrar para el escote, a la der., cada 2 h.: 6 p., 2 veces 3 p., 2 veces 2 p. y 1 p. A los 13 cm de alto de sisa cerrar los 17 p. restantes para el hombro.

DELANTERA IZQUIERDA

Se teje como la delantera derecha, pero invertida.

MANGAS

Con las ag. No. 4 montar 32 p. y tej. 6 h. en p. elástico. Cambiar a las ag. No. 4 1/2 y continuar tej. en p. jersey der. aum. en la 1º h. 4 p. regularmente repartidos y luego 1 p. a cada lado cada 6 h. hasta tener 48 p. A los 28 cm de largo total cerrar para la bocamanga a cada lado cada 2 h.: 3 p. y 3 veces 1 p. Cerrar los p. restantes sin ajustar.

TAPITAS

Con las ag. No. 4 1/2 montar 15 p. y tejer en p. arroz 4 h. rectas. Ahora dism. 1 p. a cada lado en cada h. hasta agotar los p.

TERMINACIÓN

Sin planchar el tejido coser todas las costuras y colocar las mangas en las sisas. Levantar los p. alrededor del escote, dejando 6 p. libres en cada extremo y tej. 4 h. en p. elástico y 9 cm en p. arroz. Cerrar los p. como se presentan sin ajustar. En la delantera lado izq. marcar la posición de 5 ojales, el 1º a 1 cm del escote y el último a 1 cm del borde inferior, repartiendo la diferencia para los restantes. Remallar 1 p. por ojal y cortar. Aplicar las tapitas, como muestra la foto, y colocar un botón para sujetar.

POLLERA CON TRENZAS

CON DETALLES MUY ACTUALES Y DIVERTIDOS ES IDEAL A LA HORA DE COMPARTIR JUEGOS Y TRAVESURAS CON TUS AMI-GUITOS.

DIFICULTAD: medio

MATERIALES

- 650 g de lana MERINO de L.H.O. usado doble
- Agujas No. 4 1/2
- Aguja auxiliar
- 4 botones

PUNTOS EMPLEADOS

- Punto Santa Clara;
- P. jersey.
- P. trenza: 1° h.: 2 p.r., 6 p.d., 2 p.r.; 2° y todas las h. pares: tej. los p. como se presentan; 3 h.: 2 p.r., deslizar 3 p.d. a una ag. aux. y dejarla por arriba del trabajo, 3 p.d., tej. al d. los 3 p. de la ag. aux., 2 p.r.

ATRÁS

Montar 122 p., tej. 4 h. en p. Sta. Clara y continuar así: *1 p.r., 5 p. jersey, 10 p. trenza, 30 p. jersey, 10 p. trenza *, 10 p. jersey, repetir de * a * invertido. Dism. 1 p. del lado interior de los 30 p. en p. jersey cada 4 h. hasta agotar estos p. y aum. a cada lado de los 10 p. centrales y en los costados de las trenzas laterales 1 p. cada 8 h. A los 32 cm de largo total continuar en p. trenza sobre todos los p. por 9 cm. Cerrar flojos los p. como se presentan.

ADELANTE

Se teje igual que atrás.

TERMINACIÓN

Sin planchar el tejido coser las costuras. Pasar el elástico en la cintura.

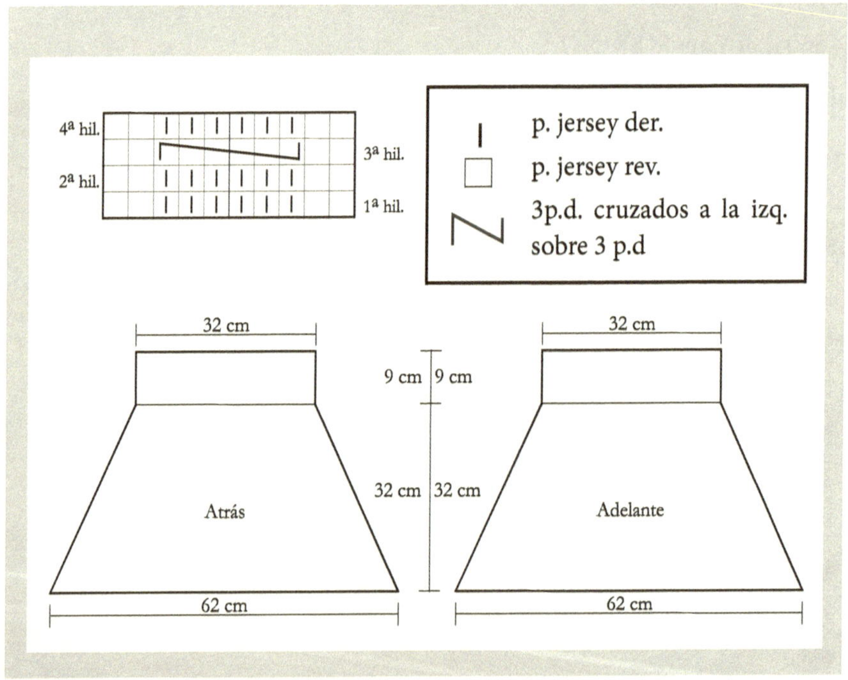